裁判官の書架

大竹たかし

白水社

裁判官の書架

装幀＝唐仁原教久
デザイン＝白村玲子（ＨＢスタジオ）

目次

I

中野好夫『アラビアのロレンス』 7
吉田満『戦艦大和ノ最期』 14
坂口謹一郎「君知るや名酒泡盛」 22
尚順『松山王子尚順遺稿』 30
ジョン・モーティマー『壊れた舟にすがりついて』 37
司馬遼太郎『愛蘭土紀行』 51
萩原延壽『遠い崖　アーネスト・サトウ日記抄』 62

II

足立巻一『やちまた』 77
杉浦明平『小説渡辺崋山』 90

子母澤寛『新選組始末記』　101
カズオ・イシグロ『日の名残り』　111
須賀敦子『コルシア書店の仲間たち』　127
藤木久志『雑兵たちの戦場』　140
千松信也『ぼくは猟師になった』　151
平山優『検証　長篠合戦』　161

Ⅲ

矢野誠一『落語食譜』　175
アーザル・ナフィーシー『テヘランでロリータを読む』　184
渡辺京二『逝きし世の面影』　196
イアン・マキューアン『甘美なる作戦』　208
我妻榮『民法講義』　220

あとがき　229

I

中野好夫『アラビアのロレンス』

精神科医の父は岩波新書の愛読者でした。勤務先の児童相談所への通勤中に読むため、いつも鞄に入れていました。父の書架で、中野好夫『アラビアのロレンス』(岩波新書)を見つけたのは、一九七六(昭和五十一)年春、私が裁判官になって、東京地裁で民事事件を担当する部署で働き始めたころのことです。

当時私は二十五歳、一緒に仕事をする裁判官、裁判所の職員の人、事件で会う弁護士さん、当事者の人も皆年上です。裁判長は、若い裁判官にできるだけ仕事を任せる方針を採っていて、私が和解手続を主宰して、弁護士さんや当事者の人と話し合いによる事件の解決を試みることがありました。病院で担当のお医者さんがとても若いとわかると少しがっかりすると思いますが、弁護士さんや当事者の人も同じような気持ちでいるかもしれないと想像しました。でも、その若いお医者さんが、熱心で病気のことをよく知っていそうなら、任せてみようかという気になるかもしれないと気を取り直して、懸命に勉強しながら、新しい経験を重ねる日々でした。この本は、そんな毎日の気分にぴったりの感じがしました。

ロレンスは、新進気鋭の歴史研究者です。オックスフォード大学の卒業論文のテーマは、ヨーロッパの城塞建築技術でした。論文は、ヨーロッパが中世の築城術を十字軍を通じて東方から学んだという従来の通説を否定し、十字軍がヨーロッパの築城術を中東にもたらしたという斬新なものでした。実証のために、中東へ調査旅行に行ったのがこの地域との関わりの始まりです。その後、中東で発掘調査などに従事しますが、第一次大戦が始まり、中東を支配するトルコがドイツ側で参戦する見込みが高くなると、英軍の情報将校になります。中東地域での暮らしと研究によって得た知識に加えて、アラブの砂漠の民に勝るとも劣らない肉体的頑健さを備えていたといわれます。その上アラビア語は、訛りによって話し手の出身地まで聞き分けるという水準でした。

そんな彼が、アラビア半島で英国の援助を受けてトルコに対し反乱を起こしたアラブの指導者の「政治顧問、そして軍連絡将校」に就任します。やがて、アラブの部族指導者たちの信頼と尊敬を獲得し、砂漠で大規模なゲリラ戦を指導して、戦局を英国に決定的有利に転換させます。英国では、英雄として名声を得ますが、アラブの指導者たちに約束した独立は、戦後、大国間の思惑の中で実現されず、このことが彼を生涯苦しめることになります。晩年は、奇矯な行動もあり、四十六歳のときにオートバイ事故で亡くなります。生涯独身でした。

デヴィッド・リーン監督の映画「アラビアのロレンス」では、ピーター・オトゥールがロレンスの孤独を愛する複雑な性格を印象的に演じていますが、その人物像を繊細さに力点を置いて造形しているように感じました。しかし、この本で描かれるロレンスは、精神的にも肉体的にも並みはずれた強さをもっています。内紛が絶えないアラブの部族指導者に接する際は驚くほどの我慢強さを発揮します。それだけに、晩年の行動に現れたような危うい繊細さのあることで、その人物像には一層深い陰影があるように感じました。著者は優れた英文学者らしくロレンスの著作『智慧の七柱』を明晰に読み解きながら、歯切れのよい文章で、その全体像を彫り深く描いています。

ロレンスが、ものの考え方、感じ方も異なるアラブの人たちのなかにただひとり入り、年長のアラブの指導者たちの話を忍耐強く聞き、その考えを理解しながら信頼を得ていく過程は、私の日々の仕事の目標とするところに多少の共通点があるように感じました。また学生時代からチーム・スポーツを徹底的に嫌うこと、英軍との交渉では相手の感情を逆なでしても大胆不敵に自分のやり方を押し通すこと、冒険好きこそエリートの条件と考えているかのように危険な行為をくりかえすことなど、ロレンスの行動様式は、チームプレイヤーの多い日本人には見ないもので、興味深いものでした。

それ以上に、ロレンスに興味をもった理由は、ロレンスが職業軍人、プロの情報員ではなく、本業が歴史の研究者であったことです。大学進学の年、私は、父の職業である医師と同じ専門職ということで法律家を第一志望と考えましたが、歴史の研究者になることにも興味がありました。そこで尊敬する担任の歴史の先生に相談すると、「大竹君、楽しみを仕事にすると、楽しみを失うことになるよ。仕事は仕事らしいものを選んで、楽しみは楽しみとしてとっておいたらどうだろうか」という助言を受けました。歴史研究者でありながら、反乱の指導者としての才能を華やかに発揮したロレンスの活躍を読みながら、先生の助言を思い出していました。

この本を夢中になって読んでいるときは、七年後に裁判所から英国への留学を命じられ、この本が英国の裁判官や弁護士の世界へ通じる扉の鍵になるとは思いもよりませんでした。

英国人は、オタクと言いたくなるほど、趣味で特定分野の知識を深く極めることを好む一面があります。一九八三年夏から一九八四年夏までの一年間の英国留学中、よく見たテレビ番組に、「マスターマインド」という人気のクイズ番組があります。出演者が自分の得意分野を選んで難問に解答し、同じように自分の得意分野を選んだ他の出演者と正解数を競うルールでした。ある出演者が一九一〇年代ロシア共産党を出題分野として選択して、「第〇回中央委員会が誰のアパートで開かれたか」という難問に正解し、ライバルが日本海軍戦闘機一九三〇年代を出題分野として選択して、同じような難問に正解するような場面が連続します。テレビを見ている英国人は、正解を知っているとは思えません。にもかかわらず、人気の長寿番組になっているのは、すぐには役に立たない究極の知識を備えた人を尊重して、これを発揮することを見ることに楽しみを感じているからだと思いました。

ロンドン南部の裁判所で民事裁判を勉強するため、ある裁判官の部屋で二週間過ごしたことがありますが、その裁判官は英国の城の建築のマスターマインドでした。英国人としては小柄でしたが、法廷で、裁判官のかぶる鬘がよく似合う六十代の裁判官でした。裁判官室に戻るといつも分厚い英国の城郭建築の専門書を読んでいました。質問すると礼儀正しく答えてくれましたが、にこりともせず、自分から話しかけることはなく、日が経つにつれて、何だか部屋にいるのが申し訳ないような感じになってきました。私の英語が拙いためばかりでなく、年齢からして、戦争中に日本人を嫌いになるような何かがあったのかもしれないと秘かに疑い始めました。

ところが、私が、ロレンスの卒業論文のテーマがヨーロッパの城塞建築技術であったという『アラビアのロレンス』で読んだ話をしてみると、裁判官は今までにない笑顔を見せました。日本から来た若いあなたに、なぜそんな知識があるのかと真剣に質問されました。日本には、ロンドンに留学した夏目漱石以来の英文学研究の蓄積があって、英文学を学んだ多くの作家がいることを話して、『アラビアのロレンス』がロレンスの著作『智慧の七柱』を読み解いて書かれていますと言うと、あの本はイギリス人にも理解が容易ではないのに、あなたの国に、そんな学者がいて、その著作が広く読まれているのはすばらしいことだという言葉が出ました。

その日から裁判官室の空気は一変しました。朝、裁判官室へ入ると、笑顔で迎えられ、質問を待ちかねるように、事件のことや、裁判官、弁護士の実際について話してくれます。

ある日、「ジャッジ大竹、今の代理人は、法廷弁護士か事務弁護士かわかりますか」という質問がありました。英国の弁護士資格は、法廷弁護士と事務弁護士に分かれていますが、その裁判官の法廷は、上位裁判所ではなかったので、法廷弁護士だけでなく、事務弁護士も出廷して活動ができます。弁論の内容がどんなであったかと考えこむと、「事務弁護士ですよ。裁判官が退廷する前に荷物をまとめて帰り支度をしていたでしょう。法廷弁護士ならあんな不作法なことはしません。〈裁判官は、見送られなければならない（Judge should not be abandoned.）〉という法廷弁護士の法廷マナーを知らないようでしたから」という回答でした。その裁判官も法廷弁護士の出身ですが、当時、法廷弁護士はアッパーミドルの職業、事務弁護士は、経済的には恵まれているもののミドルミドルの職業という意識があるといわれており、法廷弁護士が事務弁護士を下に見る空気のあることが感じられました。

裁判官は、家族の話もするようになりました。

ある日、「息子がとてもいい法廷弁護士の事務所に就職が決まってねえ」と笑顔を見せました。「ご子息は優秀なんですね」と応じると、いかにも英国人らしい「うん。息子は、ラッキーだったから」という控えめなお答えでしたが、満足そうでした。

英国では、一人前の法廷弁護士になるためには、弁護士資格試験に受かった後に「ピープル・エイジ」と呼ばれる修習期間を経る必要があります。その修習先は見習法廷弁護士が自分で見つけなければなりません。当時、法廷弁護士の事務所では、メンバーが裁判官になったり、引退したりして欠員が出る場合にだけ、その欠員の何倍かの見習法廷弁護士の修習を受け入れ、修習期間の終わりに事務所の正式メンバーに誰を採用するかを決める方法が普通と聞いていましたので、若い法廷弁護士がよい法律事務所に就職するのは容易ではなかったのです。

数日後、別の裁判官を私の一家の住むフラットへ招待して、ワインと家内の手料理でもてなしました。例の裁判官のご子息の就職の話題を出して「息子さんが優秀でうらやましいですね。息子は、ラッキーだと謙遜してましたけど」と話すと、その裁判官は、「ラッキー?」と言ってにやりと笑いました。思わず、「えっ」と聞き返すと、「父親が裁判官というのは、確かにラッキーなのかもしれないね」と言って、もう一度にやりと笑いました。

英国の法曹界は、弁護士資格試験が日本ほど難しくないこともあって、コネが重要になるという話を方々で耳にしていましたが、若い弁護士の就職も例外ではないのだと思い当たりました。海運などの事件を専門に扱うロンドンの一流法廷弁護士事務所を訪問して、メンバーの法廷弁護士の約四割が裁判官の子であると聞いて奇異な感じを受けたことを思い出しました。

帰国後、お城好きの裁判官には、クリスマスカードに同封して日本各地の城の絵葉書を送っていました。裁判官からの返信には家族の写真が同封されていることもありました。

こうして日本の城の絵葉書を十数回送ったある年の暮れ、裁判官の奥様名で封書が届きました。胸騒ぎがして、急いで開けると、「悲しいことに夫がこの秋に亡くなりました。私も息子一家もとても寂しい思いをしています。夫は、ジャッジ大竹が、遠く日本から送ってくれるお城のカードを毎年とても楽しみにして、大切に保管していました」と書かれていました。

(中野好夫『アラビアのロレンス（改訂版）』岩波新書　一九六三年)

吉田満『戦艦大和ノ最期』

空港には光が溢れ、思わず目を細めました。一九七九（昭和五十四）年四月那覇地裁への赴任です。前々年に結婚した色白の家内も日差しに手をかざしていました。裁判所の公用車が黒塗りでなく、白色に輝いていたのが新鮮でした。

職場は、民事事件を担当する部署で、裁判長、年長の裁判官と私の三人が裁判官室で机を並べました。私の部署は、私以外、裁判官もスタッフも、全員沖縄で生まれ暮らしてきた人たちでした。仕事を始めて二週間ほど経ったとき、年長の裁判官から声をかけられました。「大竹さん。明日の昼休み空けてもらえませんか。お連れしたいところがあるので」

沖縄の梅雨にはまだ早いのですが、小雨が降っていました。裁判官の自家用車を降りると、那覇市南方の豊見城《とみぐすく》岳陵にある旧海軍司令部壕でした。現在は、公園として整備されているようですが、当時は、壕を簡単に覆い、傍らの質素な建物が資料館になっていて、展示物が並べられていました。平日の昼ということもあって、われわれ以外、見学者はいませんでした。沖縄戦の間、海軍が司令部を置いた壕内は、地下通路が縦横に張り巡らされていました。司令官の部屋の壁には、和歌が書かれていました。詳しい説明文はなく、その簡素さから、戦争が肌で感じられた記憶があります。

壕を観終えて資料館に入ると、壁面には、司令官大田少将の有名な電文を大きな字で書いた紙が張られていました。海軍次官宛てに、県知事が報告すべきところ、県に通信力がないので、知事に依頼されたわけではないが看過できないので報告するとして、米軍上陸以来の県民の過酷な状況を描き、「一木一草焦土ト化セン……沖縄県民斯ク戦ヘリ　県民ニ対シ後世特別ノ御高配ヲ賜ランコトヲ」と結ばれています。その後、私が、この地で少しでも良い仕事をしなければと考えて、何度か思い浮かべた電文です。

電文を繰り返し読みながら、多数の特攻機が飛来したものの、効果的な救援とならないまま、米軍の攻撃にさらされた沖縄の人たちのことを想像して、居たたまれない気持ちになっていたとき、資料館の片隅に戦艦大和の小さな模型が置かれているのに気付きました。戦艦大和が沖縄へ向かったものの、徳之島の近海で米軍機の攻撃を受けて沈没したという簡単な解説文がありました。資料館を出て裁判所へ戻りましたが、年長の裁判官は、壕の中でも、資料館でも、終始沈黙を守っていました。

旧海軍壕で見た戦艦大和の模型の記憶が、吉田満『戦艦大和ノ最期』を手にさせたように思います。沖縄勤務が終わり、一九八一年四月から東京・湯島の司法研修所に勤務していたときのことです。仕事は、裁判官や司法修習生の研修を担当する教官と事務局との間の連絡調整係のようなものでした。この時に読んだのは、講談社文庫の『鎮魂戦艦　大和　下』に収録されていたもののように記憶しますが、その後の転勤と引越しでこの本は見つからなくなり、講談社文芸文庫の吉田満『戦艦大和ノ最期』を再び手にして再読することになりました。

この本の著者は、東京帝大法学部から士官になった学徒兵であり、副電測士として、戦艦大和に勤務し、戦後、日銀の幹部となった人です。著者は、戦後の考えに基づく評価を交えず、その時に自分が見たこと、感じたこと、考えたことをそのまま書くことで、戦後の生活の出発の手がかりとすることを動機としてこの本を書いたとされます。大和の最後の出撃、航海、米軍機との戦闘、沈没、著者の生還と話が進みます。漢字とカタカナから成る簡潔な文語体は、海軍の公用文を思わせ、士官同士の会話にまで、その時代らしい臨場感を与えて、著作全体に張りつめた空気をもたらしています。

著者は、出産の近い妻のある部下下士官について、「ワレハ君ヲ慰メントハ欲セズ　フサワシカラヌヲ知レバナリ」と書いています。そして、著者が、親しく接したのは、学徒出身や職業軍人の士官たちです。大和の出撃は、往路のみの燃料を搭載し、本土への帰還を予定しない航海であり、航空機の支援もなかったため、士官たちは、皆自らの死を予感しています。著者も、余暇にスピノザの伝記を夢中になって読む教養人ですが、一歩一歩近づく自らの死について、職務を果たす結果として受け容れていたようです。大切な婚約者に自分の死後の新たな結婚を何度勧めても承知してもらえず苦しむ士官、アメリカに在住する母から、「ただ職務にベストを尽して下さい　一しょに平和の日を祈りませう」という手紙を受け取って涙する日系二世の士官など、他の士官が死と向かいあう様子が紹介されます。

しかし、著者の気持ちをとりわけ深くとらえていたのは、白淵大尉という兵学校出身の士官のようです。白淵大尉は、出撃前の無礼講のときに、若い士官が年配の部下に制裁を加えるのをたしなめて、「野暮ナコトヲスルナ　……今夜限リジャナイカ　……今頃ニナッテ締メタッテ役ニ立タン兵隊ハッイテ来ナイゾ」と語ります。また、英本土上空の独英航空戦を研究して、英軍の対空砲火が面で線をとらえようとしていることと比較すると、大和の防空態勢が点で点をとらえようとする不備なものであると指摘して、合理主義者の一面も発揮します。この戦いで自分たちが死ぬことの意義について、士官たちは連日議論を重ねますが、白淵大尉は、日本が進歩を軽んじてきた、私的な潔癖や徳義にこだわって、本当の進歩を忘れていた、敗れて目覚める以外にどうして日本が救われるか、自分たちはその先導として散るのだと説いて、論戦を制したことが紹介されており、著者の共感が読み取れます。

この士官たちは、私の父とほぼ同じ世代ですが、大和が目的地に近づくにつれて避けられないものとして迫ってくる死に対して、目をそむけることなく、一日一日を送っています。

米軍機が来襲して開始された戦闘は、その凄惨な様子が臨場感をもって描写されています。著者は、米軍機が、大和の防空態勢を研究し尽くしており、合理的な攻撃を執拗に繰り返すことに気付いて驚きます。この戦闘の中で、白淵大尉は直撃弾で倒れ、一片の肉、一片の血を残さずと書かれています。先に紹介された士官たちも次々に戦死します。大和は、約三千名もの乗組員とともに沈むことになるのです。

大和沈没後、著者は駆逐艦冬月に救助され、冬月の艦上で、東京帝大法学部の同級生の田辺少尉と再会します。田辺少尉は、冬月の航海士で、著者に言葉をかけると、自分でも気付かずに疲労から艦内の狭い廊下を膝で移動して行ったと書かれています。この田辺少尉は、戦後、裁判官になり、フルブライト奨学金で米国へ留学したと先輩裁判官から聞いたことがあります。尊敬を集めた裁判官で、帰国後多くの優れた論文を発表しましたが、早世を惜しまれたそうです。生還した筆者や田辺少尉の活躍を思えば、本当に多くの若者たちが命を失ったと思わざるを得ません。

『戦艦大和ノ最期』は、その本来の形で発表された一九五二年以来、戦争を肯定するものであるという批判や、記述に事実と異なる部分があるという批判がされたようです。しかし、著者が大和に乗り組んで、ありのままの真実であると考えたことを著述したことに十分な重みがあるように思いました。

この本の描く、米軍機の攻撃のすさまじさは、鉄の暴風という言葉を思い出させるものです。鉄の暴風は、沖縄勤務中によく耳にした言葉で、米軍の艦砲射撃など沖縄戦の激しさ、凄惨さを表現しています。『戦艦大和ノ最期』には、目的地となった沖縄で戦われていた地上戦についての言及はありませんが、沖縄で二年間を過ごした私は、この本を読みながら、沖縄戦下の沖縄の人たちのことを思わずにはいられませんでした。

沖縄戦は、太平洋戦争最大の地上戦であり、軍人のみならず、沖縄に住む多くの民間人が命を落としています。激しい市街戦もあったようで、米軍側の撮影した写真の中に、那覇の裁判所の正門の前で米兵ががれきに身を隠して射撃をしている一枚を目にしたこともあります。

私の勤務は、復帰から約七年後、終戦から約三十四年後でしたが、民事の裁判でも、戦争の傷跡を、なお目にすることがありました。例えば、沖縄にも土地の境界が争われる裁判がたくさんありましたが、沖縄戦の結果、このような裁判で、正しい境界を定める手がかりを探すことが難しくなっていたことがあります。正確な土地の所在や面積などを調査し測量して、正確な登記簿の記録や登記所備え付けの地図を作る作業が現在までの間には進んでいるようですが、私が沖縄に勤務した当時は、沖縄戦で多くの登記簿や登記所に備え付けられた地図が焼失したことが、この裁判を難しくしていました。

終戦後、急いで土地の所有権の確認作業が行われましたが、測量器具が不足する中、短期間で行われた作業のため、出来上がった地図や登記簿の内容について、現地と合わない不正確さの生じることがあるのは避けられませんでした。測量器材はもちろん、長さの基準になる物さえなかったため、家の雨戸の幅を三尺として基準にしたり、わら半紙の長さを延長して基準にせざるを得なかったという話を聞いた記憶があります。その結果、戦後、新たに登記簿に記録された土地の面積や登記所に備え付けられた地図に書かれた土地の形、周辺の土地との位置関係が実際の土地と相違することが、少なからず生じてしまいました。

正しい境界を決めるためには、どちらの主張する境界の方が理に適っているかを検討しなければなりません。そこで、それぞれの主張する境界について、登記所に備え付けられた地図と対照して、地図に書かれた土地の形や、周辺の土地との位置関係に矛盾がないかを検討することがあります。しかし、戦前の地図が焼失し、戦後急いで作った地図が不正確であるとすれば、この手がかりが失われてしまうことになります。また、それぞれの主張する境界を前提として、争われている土地の面積を計算して面積の比率を算出し、登記簿に記録された土地の面積の比率と比較することがあります。しかし、戦前の登記簿が焼失し、戦後急いで作った登記簿に記録された土地の面積が不正確であるとすれば、この手がかりも失われてしまうことになります。

そして、登記簿や地図に頼らずに、土地の高低差などの地形や、境界の目印となるような木や杭などを手がかりに境界を決めることがありますが、激しい地上戦の間に土地の地形が跡形もなく変わり、樹木も失われてしまった土地が広い範囲にありました。

このように沖縄戦は復帰後もしばらくの間、土地の境界が争われる裁判を難しくしていたのです。また、「一木一草焦土ト化」した後の復興について、人々の生活、経済活動、行政などいろいろな分野で大変な苦労があったと聞いていますが、裁判所も例外ではなかったようです。

ベテラン裁判官からは、本土と人的交流がない期間、裁判官、弁護士、検察官など法律家を確保する苦労が多かったという話を聞きました。ベテランの裁判所職員からは、終戦直後、施設、備品が欠乏して、裁判官の着る法服を用意することができなかったという話や、裁判所のトップの公用車にオート三輪を使った時期があるという話も聞きました。

身近なところにも戦争の影響が及んでいることを感じることがありました。裁判所の若いスタッフと雑談中に、復帰後本土から大勢の観光客が来るようになって驚いたのは、本土の人が皆泳げることだという話を聞いたことがあります。思わず、海に囲まれた沖縄で泳げない人がそんなにたくさんいるのですかと聞き返しました。すると、海岸には、艦砲射撃や爆撃でできた穴が多く残されていて、海辺が危険な状態が長く続き、子どもたちだけで海へ泳ぎに行くことを禁止した家族が多かったという答えが返ってきました。親たちが生活に追われて子どもたちを泳ぎに連れて行く余裕もなかったとも聞きました。また、戦後の困難の中で学校のプールの普及が遅れたことも加わって、私が沖縄に勤務していたころは、泳げない人が多くいたというのです。

旧海軍壕へ案内してくれた裁判官のように、私が沖縄で接する人たちは、慎み深く、親しくなってからも、沖縄戦については、自分の記憶や親とか年長の親類から聞いた話をなかなか語ろうとはしませんでした。悲しみや苦労が余りに大きい出来事であったため、言葉にしたくないのだろうと想像していました。

こんな沖縄のことを考えながら、『戦艦大和ノ最期』を読んでいると、沖縄の旧海軍壕の資料館は、戦艦大和の模型の居場所として、ふさわしい場所であったように思えてきました。


(吉田満『戦艦大和ノ最期』講談社文芸文庫　一九九四年)

坂口謹一郎「君知るや名酒泡盛」

その裁判長は、三線《さんしん》を習っていました。人間国宝の有名な奏者の指導を受けて、琉球の古典の曲を学んでいたのです。

「琉球王府時代、士族は、皆三線を持ち、名器を大切に代々伝えていたんですよ」

裁判長は、裁判官になる前、沖縄の高校で社会科の教鞭をとっていたそうで、裁判官室での話題には、沖縄の歴史の話が多く、また、復帰前に長期間アメリカを視察されたことがあって、アメリカの話も多かったように思います。裁判所コザ支部（現沖縄支部）の支部長時代、アメリカ人の牧師さんを先生に迎えて、職員の英会話の勉強会を作ったという話もありました。私が週に一日コザ支部で仕事をするようになると、この勉強会へ参加できるように手配をしてくれました。また、クリスマスのころ、職員と私を引率して牧師さんのお宅を訪問したこともあります。

そんな裁判長から、「大竹さん。沖縄の泡盛は、世界のどこに出しても恥ずかしくないお酒です。坂口謹一郎博士が雑誌の『世界』に書かれた『君知るや名酒泡盛』という素晴らしい論文を、ぜひ読んで下さい」という言葉を聞いたのは、職場で企画した観月会のころでした。

観月会は、旧暦の八月十五日の夜に月を見る集まりです。当日、仕事を終えてから、裁判官、書記官、事務官が裁判所の近くの高台の広場に集まりました。ビニールシートの上に裁判所の近所のお店で買った食べ物を紙皿に盛り付けて並べます。お酒は、復帰前から沖縄で人気の高いスコッチのカティサークと泡盛ですが、泡盛には古酒もありました。裁判所の年輩の書記官から、泡盛のオーソドックスな飲み方は、水割りと教わりました。

度数の高い泡盛を水で割ると、透明なところにわずかに薄紫色がさし、微妙な甘みが感じられるようになります。これは、温度が下がり泡盛に含まれていた脂肪分が凝縮して甘みを出すということでした。

みんなで車座になり、月を眺めながら宴会が始まりました。宴たけなわになったころ、書記官の一人が三線を取り出しました。すると、裁判長が、「まず、僕がやろうか」と言って、古典の楽曲をゆったりと演奏しました。静かでどこか悲しい感じのする心に染み込むような音色でした。皆が静かに聞き入った後、三線は、となりの書記官に渡されました。職場のまとめ役でもある彼は、「にぎやかにやりましょうね」と言うと郷里の民謡をハイテンポで弾き始めました。華やかな演奏に、指笛も出て、座はいっぺんに盛り上がりました。次々に三線が渡されます。私以外のほとんど誰もが三線を演奏しました。順番がきて、私は、職員の人たちと一緒に行ったお店のカラオケで覚えたての沖縄の歌をなんとか終わりまで歌いました。みんなが手拍子で応援してくれました。青みを帯びた月の光の下、あたたかい風に触れ、三線の音色を耳にしながら、時間がゆったりと流れて行きます。自分はなんて文化豊かな国に来たのだろうと思いました。こんな夜にふさわしいお酒は、やはり泡盛でした。

坂口謹一郎博士が文化勲章も受賞した醸造学の権威であることは知っていましたが、沖縄勤務中は、「君知るや名酒泡盛」を眼にすることはできず、その後、博士の全集である『酒学集成』の中にこの論文をようやく見つけました。しかし、その後の転勤と引っ越しでこの本は見つからなくなり、再び眼にしたのは、講談社文庫の『古酒新酒』の中でした。

博士は、沖縄県民は、日本と中国と南方諸国との間に立って、それらの影響の下にユニークな文化を築き上げることに成功するとともに、それらの文化との間に微妙な連続性を保っていると説きますが、このことを、酒の醸造に使う麹から鮮やかに論証します。

日本本土と沖縄を囲む中国など東アジアはもとより、ベトナム、マレーシア、インドネシアなどの暖地でも、酒の醸造には、穀物を砕いて水を固めたものにカビを生やした、いわゆる餅麹が使用されます。これに対し、日本本土と沖縄のみが、穀粒のまま蒸してカビを生やした、いわゆるバラ麹を使用するというのです。しかも、十六世紀に明から琉球に来た冊封使の見聞記には、泡盛がシャム（タイ国）から伝わり、その製法が中国酒と同じと書かれているのに対し、その約二百年後の新井白石の『南島誌』には、その製法が「米を蒸して麹を和し」として日本酒と同じような製法になっていると書かれているとします。そしてこれらの記述が正しいとすれば、中国式から日本式へという製法の変化が、この二百年間に起こったことになるというのです。

泡盛は、こうして中国酒やタイ国の酒などと異なる製法になりましたが、日本本土の酒の製法とも重要な相違点があるとします。酒造に使われる麹菌が全く異なるというのです。日本本土の酒では、黄緑色の麹菌が使われるのに対し、沖縄の泡盛では、黒麹菌といわれる黒カビが使われています。そして、黒麴菌は、クエン酸を作る力が強く、そのため雑菌が生えてこないという特性があって、酒造りの困難な南方の温暖な地方で使うカビとしてはうってつけの性質を備えており、この方法を育て上げたことは、沖縄の人たちの優れた科学力によるとされます。

また、泡盛には、何年間も貯蔵して熟成し調和した風味を貴ぶという特色があります。これに対し、江戸以来の日本酒は、寿命が普通一年とされています。寒造りして、春できた新酒が土用を越して新秋九月ころに「冷やおろし」などといって火入れしないままの酒を取り出すころを頂点として、お正月を越すと香味が次第に落ちていくというのです。

そして、泡盛の貯蔵と熟成には、かめが使用されます。長い貯蔵には南方から渡来した南蛮焼のかめが珍重されましたが、現代では、那覇市の壺屋で堅く焼きしめた褐色の無釉のものが使われるとのことです。また、その貯蔵中、例えば、百年ものの泡盛を一杯取り出すと、九十年ものの泡盛から一杯補塡するという珍しい方法が採られており、博士によれば、他国では、スペインのシェリー酒で同じような方法が見られるだけであるというのです。

論文では、泡盛の古酒について珍しい記事があるとして紹介されています。明治初年に琉球の王家である尚家の王子として生まれた尚順氏の遺稿が出典です。長い年月貯蔵された泡盛の古酒は、大変貴重であり、古酒自慢の大名家では、金庫の鍵を家来に保管させていても、古酒倉の鍵はたいてい主人が自分で持っていたこと、古酒を客に供するときは、宴たけなわで、三番目の吸物が出ようとする少し前に、五勺か一合くらいの小酒器に古酒を入れて、主人が自ら、客の小杯に一杯だけ酌いで回るのであり、お客がすぐにお代りというのは失礼になるというのです。

博士の本から泡盛のことを知れば知るほど、沖縄が日本本土と中国、南方諸国との間に立って、それらの文化の影響の下に独創的な文化を築き上げ、また、それらの文化との間に微妙な連続性を保っているという博士の言葉が理解できるような気がしてきました。

ただ、沖縄で暮らしてみると、沖縄の独創的な文化に影響を与え、微妙な連続性を保っている文化の中には、日本本土、中国、南方諸国に加えて、戦後、アメリカの文化も含まれるようになったように思いました。

ある日、英語の通訳さんが手違いで裁判所へ来なかったことがあります。私が心配そうな顔をすると、書記官は、少しも慌てず、「裁判官、心配はいりませんよ。誰かできる人がいるはずですから」と言って、裁判所内へ二、三本の電話をしました。三分くらいで、顔見知りの事務部門の係長さんが汗を拭き拭き急ぎ足で部屋へ入って来ました。控えめで、沖縄民謡のうまい人だという印象であった彼が、「裁判官、私が通訳をしますから」と述べると、見事な英語で話し始め、難なく通訳の役割をこなした後、何事もなかったかのように事務部門へ戻って行きました。書記官に尋ねると、アメリカ民政府が、英語を使える人を増やすために、英語を教える教育施設を沖縄に作っており、係長さんもそこで英語を身に着けたということでした。他にも英語の通訳のできる裁判所のスタッフが何人かいるということでした。

那覇やコザの町で、コーヒーショップが「コーヒーシャープ」という看板を出し、レストランのメニューがエビを「ロブスター」でなく、「ラブスター」と表記していることを思い出し、沖縄では、耳から入った英語が日常生活で受け入れられていることに気付きました。また、バーベキューのようなアメリカ的な習慣も生活に定着しているようです。若い書記官の中には、家族や親類でバーベキューをする人が多く、肉屋さんは、バーベキュー用の肉をセットで販売し、買い手にバーベキュー用の道具を貸していることも知りました。また、音楽好きの若いスタッフは、アメリカ軍人向けのラジオ放送をよく聴いていて、アメリカの最新の音楽について随分詳しい知識をもっていました。

現在に至るまで、沖縄出身のミュージシャンで、日本全国から多数のファンを獲得している人がたくさんいますが、伝統音楽も含めた沖縄の豊かな音楽的環境もその原因の一つであるような気がします。

さて、話を泡盛に戻しますと、山羊会《ヒージャーカイ》で飲んだ泡盛も忘れられません。

週に一日、コザ支部へ行って仕事をするようになって三か月位経ったとき、一緒に仕事をする書記官の人から、「裁判官。支部の職場の旅行会を企画したので参加しませんか」と誘われました。「誘っていただいてありがとう。とても楽しみです」と二つ返事で答えると、「勝連半島の沖合の津堅島へ渡るのはいいとして、海岸で山羊会をするけど、大丈夫でしょうか」とちょっと心配そうに聞かれました。「若い人の中には、山羊鍋が苦手な人もいるので、牛のバーベキューも用意したので、山羊が無理なら、そちらを食べましょうね」とも付け加えました。

旅行日は土曜日で、午前半日勤務でした。幹事のうち山羊鍋担当の係は、半日休暇を取って、すでに現地に向かっていました。聞けば、山羊は、「生体○斤○○円」という買い方で、生きている山羊を選んで購入し、専門業者が処理をするそうです。復帰前は、職員が自分で処理をしたこともあるようですが、復帰後は、業者に頼まなければいけなくなったとのことです。

津堅島の海岸に到着すると、大きな鍋が煮え立っていました。中には、小さな骨、肉、内臓と、ヨモギ（フーチバー）が入っていました。山羊は、皮と大きな骨を除く肉、内臓、血などすべてを入れて、水と、ヨモギ、泡盛、塩などで味を調えて、長時間煮込むのが料理法だそうです。早速、やわらかい良い肉を、刺身で食べることになりました。挑戦してみましたが、肉は皮付きで、毛は、バーナーで焼いて処理をしていますので、多少じゃりじゃりします。でも、やわらかく、初めて口にする見逃せない味でした。

しばらくすると、山羊鍋ができたとのことで、みんな、大きな紙のどんぶりに肉、内臓などを豪快に入れて一気に食べはじめます。いかにも肉を食べている感じで、匂いは多少ありますが、なかなか味わい深いものでした。

刺身にしても、鍋にしても、お酒は、味の濃いウイスキーやビールはまったく合わず、やはり泡盛ということになります。他のメンバーが、本土から来た私が本当に食べられるかと横目で見ている感じもしましたので、多少、見栄をはって三杯食べました。でも、他のメンバーは五杯、六杯とお代りをしていました。

真っ青な海を眺め、わいわいがやがやと陽気な顔に囲まれ、このお料理と泡盛で楽しい宴会がゆったりと続いていきます。

午後二時ころの昼ご飯後、夜七時に晩ご飯、夜十二時に夜食とすべて山羊鍋で、翌日の朝食には鍋の残りにソーメンを入れてソーメンチャンプルーに仕上げました。みんな相変わらず、五杯、六杯とお代りをしていました。ここまで続くと、若い私でも、そう何杯もは食べられなくなっていました。

正月、職場のメンバーと裁判長のお宅へお年始に伺いました。奥の部屋へ通されると床の間に褐色の大きなかめが置かれていました。今にして思うと、坂口博士の本にある壺屋で焼かれたかめのようでした。

裁判長は、「二十五年くらいの泡盛の古酒が入れてあります」と言って、ひしゃくで沖縄の酒器に泡盛を入れ、私の前に置かれた小さな盃に注ぎました。この注ぎ方は、坂口博士が書いていた沖縄の大名家の高価な古酒の伝統的な注ぎ方でした。

口にいれると、まろやかで芳醇な味が喉をころころと転がって行くようでした。

坂口博士が書く大名家の高価な古酒のお客の飲み方としては、お代りが欲しいという顔を決してしてはいけないことになるのでしょう。しかし、私があまりのおいしさにもう一杯飲みたいと思ったことが表情に出たらしく、裁判長は、にっこり笑ってお代りを注いでくれました。

後日の英国留学以来、いろいろなスコッチウイスキーを口にする機会がありましたが、私にとって、一番のお酒は、裁判長のお宅で頂いたこの泡盛でした。

（坂口謹一郎『古酒新酒』講談社文庫　一九七八年）

尚順『松山王子尚順遺稿』

「判事さん、私の部屋の陶器を観に来ませんか」

幹部書記官からのお誘いは、意外な感じがしました。長身で貫禄があって厳めしく、近づきにくい人という印象があったからです。司法修習生時代に上野の国立博物館の友の会の会員になっていたとか、古い陶磁器を見るのも好きだなどと、書記官室でした雑談が耳に入ったのかもしれないと思いました。那覇地裁で仕事を始めて三月ほど経ったころです。

部屋には、飾り戸棚があり、焼き物の大皿や壺が飾られていました。民芸調の地に緑と黄色を主体に今にも飛び跳ねそうな大きな魚が描かれています。見とれていると、「判事さん。作者わかりますか」という質問です。「申し訳ありません、沖縄の陶芸家のことまで勉強が進んでなくて」と答えると、「どんな風にみえますか」というさらなる質問です。「独創的でダイナミックでわくわくします。民芸風のところも感じますが、濱田庄司より、バーナード・リーチの作品を連想します」と感じたままを答えました。「金城次郎さんの作品です。確かに、濱田庄司、バーナード・リーチとも交流があったと聞いていますよ」と言って、椅子を勧められました。

しばらく話をすると、故郷沖縄の歴史を調べるのが好きで、豊かな知識をもっている人とわかりました。私にその知識の一端を伝授しようというのもお誘いの目的だったようです。こうして、ときどき部屋を訪ねるようになりました。二十代の裁判官が私的な会話で、このような貫禄のある年長者から「判事さん」といわれるのは照れ臭い感じがすると言いましたが、この呼び方は変わりませんでした。金城次郎氏が沖縄の陶芸家初の人間国宝に認定されるのは、一九八五（昭和六十）年、約六年後のことです。

ある日、一冊の本を渡されました。「判事さん、現在の沖縄から沖縄の文化をほめる人がたくさんいます。でも、その人たちは、戦前の沖縄の文化の本当の素晴らしさを知らないように思います」。私が「戦争前には、各県別で国宝が京都・奈良に次いで三番目に多かったのが沖縄県だと聞きましたが」と応じると、「そうです、判事さん。そんな時代の本来の沖縄の姿を知ってもらいたいと思います。この本をお貸ししましょう、ぜひ読んで、感想を聞かせてください」。

渡されたのは、尚順遺稿刊行会が出版した『松山王子尚順遺稿』でした。大切にしている本とわかりましたので、急いで読了し、すぐお返ししました。忘れ難い本ですが、もう、手にすることもできないだろうと諦めていました。ところが、二〇一三（平成二十五）年になって刊行された金子豊編『松山王子尚順全文集』（榕樹書林）の中に収録されていました。

著者の尚順氏は、最後の琉球藩王であった尚泰の四男として、一八七三（明治六）年に首里城内で生まれます。その後、男爵として貴族院議員を務め、沖縄に銀行や新聞社を設立して、沖縄の実業界や地方政界でも活躍する地元の名士でした。しかし、尚順氏の名が全国に広く知られるようになったのは、沖縄の伝統や文化を中心に多くの随筆を執筆し、優れた漢詩、琉歌、短歌を創作するなどの活躍をしたことによります。一九二四（大正十三）年には五十二歳で桃原農園を開きますが、一九四五（昭和二十）年六月、沖縄戦の間に南部の壕内で、七十三歳で亡くなります。

尚順氏の印象は、文化人ではなく、文人です。これは、その経歴からもうかがえます。学校教育ではなく、専ら、学者の個人指導を受けていたようです。私が英国留学後定期購読している『エコノミスト』という雑誌に、英国の政治家の学歴一覧表が掲載されたことがありますが、女王陛下の欄は「プライベート・エデュケーション」と書かれていた記憶です。尚順氏も同様のようです。また、随筆の対象に、印章、箱書、書道など、明治の知識人より、むしろ、江戸時代の文人の伝統に連なる題材が多く選ばれていることもその印象を強めています。

沖縄を訪ねた文化人、芸術家は、ことごとく氏の桃原農園を訪ねて歓待を受けています。洋画家藤田嗣治との対談会（一九三八年五月四日）の記録も収録されていますが、パリ生活が長く、戦後パリに永住した当代一流の洋画家と自然に交流する教養豊かな紳士の姿を見ることができます。藤田嗣治画伯にピカソの画集を見せて、鑑賞の方法を尋ねるなどいかにも自然な立ち居振る舞いも魅力的です。藤田画伯には、百年ものの泡盛の古酒が出されたようです。

私には、尚順氏の漢詩文、琉歌を始めとする文学的創作の素晴らしさを十分に味わうだけの力はありませんが、このような素養を背景に、柔らかく、上品な文体で綴った随筆には、心惹かれるものが少なくありません。

最後の琉球藩王であった尚泰の四男として、歴史の証人としての貴重な証言もあります。なかでも、「首里城明渡しの思出」は特に印象深いものです。尚順氏は、六歳のときに、沖縄県設置に至る、いわゆる「首里城明渡し」を体験しますが、この出来事を語った一編です。琉球藩王の御居間には、夜遅くは重臣でも通されることは決してなかったそうですが、首里城明渡しの直前の夜、白鬚の重臣が御居間で、父尚泰に大声で物を言い、物を言うたびに胸に垂れた白鬚が微かに揺れるのが不思議に記憶が残っていると書かれています。

城内が緊迫し、秩序が少しずつ崩れ始めた状況を鮮やかに伝えています。琉球処分官松田道之らしい洋服姿の男が、南殿で、床を背にして、大声で何かを読み上げ、その声が音吐朗々として、城内の隅々までも響き渡り、席上、咳ひとつ聞こえなかったという思い出には、琉球王府の人たちが、声もなく沈む気持ちで、これを耳にしていた様子が伝わってきます。尚順氏は、首里城明渡しは、琉球藩王尚泰の子である氏にとって生々しい悲劇であり、六十年後であっても、これをテーマにした山里永吉氏の芝居「首里城明渡し」を見る気がしなかったとも書いています。

また、「あの頃を語る　男爵尚順さんの思出話（下）」では、父の尚泰について、「廃藩当時の父の態度は私たちから見ても見上げたものだった。父は時勢に従うて決して我儘な意地を立てることはなかった」「国王としてもっと生きていたいとか昔を恋しがると云うような謬念を持っていなかった」と書いています。このような父の身の処し方は、尚順氏にも影響を与えたのかもしれません。

尚順氏の書く沖縄の伝統的な文化には、琉球王府の伝統に連なる興味深いものが多くあります。なかでも、「旧琉球王朝の正月はピーラルラーより始まる。ピーラルラーは路次楽のことだ」という書き出しの「鷺泉随筆（六）　首里城のお正月」は、読む者が、音楽と色彩に満ちた琉球王府時代の正月の首里を歩いているように感じ始めます。描かれた正月の風景は、琉球王府時代の首里が、同時代の日本本土といかに異なるかを実感させます。

絵画などの美術品は、ガラスケース越しに鑑賞するのではなく、自分が実際に手にするものとして語られます。『松山王子尚順全文集』に収録されている「殷元良の神猫に付いて」は、沖縄の生んだ最高の画家である殷元良の第一の画幅である「神猫図」について書いたものですが、尚順氏自身が所蔵している絵画について語っているのです。

尚順氏は、王府の行事、美術品ばかりでなく、料理も、琉球以来の伝統を受け継ぐ文化の問題として語ります。「野蛮人の様に食事は只喰て居ればよいと云うなら問題はありませんが、苟も文化人として固有の料理を持ちながら只滅び行くに任せると云う事は、祖先に対し又歴史に対しても忍びない事と思います」というのです。そして、多くの琉球料理が「ヌエ的になりつつ滅び行くのであります」とされ、琉球の伝統的な料理の現状と行く末に強い危機感を抱いていることが読み取れます。「食味と園芸　千疋屋主人と語る」は、尚順氏が沖縄を訪れた千疋屋の御主人との話を中心に沖縄の料理、食材、果樹について論じたものですが、饗したひとつひとつの琉球料理について、千疋屋主人の感想を几帳面に書き留めていることからも、琉球料理を文化として保存し、発展させようという尚順氏の考えが読み取れます。

尚順氏は、沖縄の伝統的な文化の承継に決して楽観的ではありません。一九三九年三月の「鷺泉随筆（七）　琉球料理の堕落」では、社会の需要者の眼識が高ければ、供給者たる芸術家の作品も従って向上するが、需要者の眼識が低ければ、製造者の作品も自ずから低下するとして、注文者が植物性染料と化合品染料との区別もわからずに、型付であればよいとした結果、近来昔のような良い紅型がなくなったと書いています。

こうして読んでいくと、尚順氏は、戦前の沖縄の文化をもっともよく知る人であるにとどまらず、琉球が独立の王国として、中国、日本本土、南方の国々と交流しながら、華やかに発展した時代の伝統を体現する最後の人であったことが感じられます。

この本を貸してくれたのは、私に、戦前の沖縄の文化を知るだけではなく、薩摩の侵攻で独立を失う前の琉球王国の時代に連なる沖縄の豊かな伝統を知って欲しいという意図であったことに思い当たりました。

この時代の琉球を描くのが、「万国津梁の鐘」の銘文です。この鐘は、十五世紀に尚泰久王が鋳造させ、首里城正殿に掲げていたといわれます。沖縄勤務中、大田少将の電文（『戦艦大和ノ最期』参照）と並んでしばしば思い出した文章です。

「琉球国は南海の勝地にして、三韓の秀を鍾《あつ》め、大明をもって輔車となし、日域をもって脣歯となす。この二中間にありて湧出せる蓬莱の島なり。舟楫をもって万国の津梁となし、異産至宝は十方刹に充満せり」

私の沖縄勤務終了後何年かして、この本を貸してくれた人も、定年で裁判所を去りました。引き続き故郷沖縄の歴史の調査を楽しんでおられたようです。時々、長い手紙が来て、そこには、私が興味をもちそうな最新の調査の成果が書かれていました。資料のコピーが同封されていることもありました。

一九九五年一月阪神淡路大震災の時、私は、家族と共に京都伏見の官舎に住み、大阪地裁に勤務していました。地震後官舎の電話がうまく繋がらないことが何日間か続きました。その電話が突然鳴り出して、受話器を取ると、あの沖縄の懐かしい声が聞こえました。

「判事さん。生きてますか」

（尚順『松山王子尚順全文集』金子豊編　榕樹書林　二〇一三年）

ジョン・モーティマー『壊れた舟にすがりついて』

「あなたが今、自分の結婚生活を振り返ってみて、はずかしいと思っていることは何もありませんか」

日曜の午後、ベテラン法廷弁護士が息子である新米法廷弁護士と散歩をしながら、離婚訴訟の反対尋問ですべき質問を教えています。

「なぜ、この質問をいつもするの」

「質問に、イエスと答えると、不利な事実を認めたことになるからだよ」

「でも、ノーと答えたら」

「ノーと答えると、離婚裁判になるほど悪化した結婚生活について、自分の側には一点の非もないと答えることになるよね。そうすると、自分が自己満足的な偽善者であることを証明することになってしまい、裁判所の同情を失うことになるからだよ。反対尋問の技術は、対立的な尋問をすることではなく、証人が最後の決定的質問に同意せざるを得なくなるように、うまくリードして前提を認めさせることを積み重ねる技術なのだよ」

この新米弁護士は、ジョン・モーティマー、法廷推理小説・法廷弁護士ランポールシリーズの著者であり、この話は、ジョン・モーティマーの自伝『壊れた舟にすがりついて』（John Mortimer *Clinging to the Wreckage*）で紹介されています。この作品は、私が英国に行く前年の一九八二年に出版され、私が在英した一九八三年にはペンギンブックスに入って、傑作自伝と評判になっていました。

法廷弁護士ランポールのシリーズは、英国の弁護士や裁判官の世界を法廷推理小説の形を借りてユーモラスに生き生きと描いており、英国の弁護士や裁判官の間でも、多少の誇張はあるものの、その世界をリアルに活写していると評判でした。そんなランポールの著者の自伝であり、英国の弁護士や裁判官の世界を知る手掛かりになるかと思い買い求めました。読み始めると、おかしさの中にどこかメランコリーな感じもある心に触れる語り口にすっかり引き込まれてしまいました。

例えば、「壊れた舟にすがりついて」という一風変わったタイトルについては、こんなふうに書いています。ランチで隣に座ったヨットマンに、ジョン・モーティマーが質問します。

「ヨットは、危険なスポーツではありませんか」

「まったく危険はないよ。ただし、泳げなければ。最初のヨットを買ったときから、泳ぎを覚えまいと堅く決心したんだ」

「なぜですか」

「遭難したときに、もし泳げれば、岸に向かって泳ごうとするだろう。すると必ず溺れる。泳げないから、壊れた舟にすがりついていると（I cling to the wreckage）、ヘリコプターが救助に来てくれるよ。トラブルにあったら、『壊れた舟にすがりつきなさい（cling to the wreckage）』。これが僕の助言だよ」

ジョン・モーティマーは、人生のほとんどをこの助言に従ってきたと書いているのです。

この本は、ペンギンブックスのモダンクラシックスの一冊となって、現在も英国で読み継がれています。

ジョン・モーティマーは、自分の作家としての半生を中心に法律家としての歩みにも触れながら語っています。多くの脚本も書き、映画界との関係も深い人らしく、俳優ピーター・セラーズやトレバー・ハワードとの思い出など映画好きには見逃せないエピソードもいろいろ書かれています。また、オックスフォード大学以来の親友が、大学時代は非暴力の信念から良心的徴兵忌避をしますが、後日医師になって殺人事件を起こして自殺するエピソードなど、友人たちの話にも、忘れられないものが多く、この本が今も英国で読み継がれていることが理解できます。

この本は、このようにさまざまな魅力に富んでいますが、ここでは、私の英国での勉強の目的のひとつでもあった、英国の法廷弁護士の世界の実際について書かれている部分を中心に紹介したいと思います。

自伝全体の軸となっているのが、著者と父親クリフォードとの関係です。ジョン・モーティマーは、一人息子で父との関係はとても親密なようです。英国の詩を頻繁に口に出して引用すること、息子のジョン・モーティマーと日課の散歩を楽しみ、シャーロック・ホームズやシェイクスピアの話を聞かせること、反対尋問の名手で、法廷活動を心から楽しんでいることなど、そのキャラクターは、小説の法廷弁護士ランポールに相当程度反映されているように思います。

しかし、ランポールのシリーズに反映されていない点が一つあります。それは、父が、ジョン・モーティマーが十三歳のときに失明し、その後も妻であるジョン・モーティマーの母の助けを受けながら離婚と遺言を専門とする法廷弁護士の仕事を続けていたということです。朝ロンドンへ向かう列車の一等客室の中で、父は、母に事務弁護士からきた裁判書類を大きな声で読んでもらい、その日の法廷に備えます。不貞行為を理由とする離婚訴訟では、不貞行為を監視していた私立探偵の報告書が重要な証拠になりますが、声を出して読むのがはばかられるような内容もあります。母が思わず小さな声で読むと、父は「大きな声で」と求めます。母が仕方なく、大きな声でこの部分を読み上げると、他の乗客がシーンとして耳をそばだてるという話が紹介されています。

ジョン・モーティマーは父のことを、反対尋問の名手であり、良き法廷弁護士であるばかりでなく、優れた法律家であると書いています。父は、失明前、遺言の有効、無効について裁判実務の標準となる法律専門書を書きます。失明後は、仕事においても、私生活においても、失明していることを認めようとせず、失明していないかのような言動を頑固に守っていました。法廷活動は、書類を妻に口授して作成し、妻から読み聞かされた裁判書類に基づいて弁論や尋問をしていました。そして、離婚、遺言の分野では、指導的な法廷弁護士の一人という評価まで得ていました。

法廷弁護士団体の庭で、空軍のパイロットとして英国本土の独英空軍の戦いで亡くなった法廷弁護士たちの慰霊碑を見たことがありますが、第二次大戦中は、多くの若い法廷弁護士が従軍し、父には、いっそう多くの事件依頼があり、一日中法廷で過ごしたようです。

父は、園芸を趣味として、帰宅後妻から庭の様子を聞いて、妻に口授して園芸日記までつけていました。園芸日記は、妻から聞いた情報に基づき庭の植物を自分で詳細に観察したかのように書かれています。

父の失明を認めないという態度は徹底したものでした。そのため、ジョン・モーティマーは父の視力に問題のあることは気付いていたものの、完全に失明しているとは思わなかったようです。失明の何年も後に、ジョン・モーティマーが予定より早く学校から帰宅して、日常生活のすべてを母に介助されている父の姿を偶然目撃して、初めて父が完全に視力を失っており、自分の姿も見えていないと知ってショックを受けたと書いています。

父は、自宅に来客のあることを極端に嫌い、社交生活はとても狭い範囲に限られていたようです。ジョン・モーティマーは、四名の子のあるペネロープと結婚しますが、父は四名もの孫が家に一度に出入りすることを恐れて、ペネロープに対し、息子がいかにダメな人間かを説いて、結婚を思いとどまらせようとしたようです。結局、二人は結婚して、ペネロープも後に著名な作家になります。父は、四名の「既成品の孫」とはずいぶん近しい関係になって、ジョン・モーティマーには許さなかったような甘え方までさせていたと書かれています。

失明という不幸に対する父のこのような対処の方法と行動、終始、夫を助けた妻であるジョン・モーティマーの母の行動は、読者に強い印象を与えます。

父は、第一次世界大戦に従軍した世代ですが、英雄的な行動を徹頭徹尾避けるというのが信条であるとされます。母は、父と異なり、純粋さと真面目さを備えた人で、レジスタンス（抵抗運動）に参加するのはこのような女性であろうと書かれています。二人とも、ダーウィンの進化論を信奉する進歩的な考えの持ち主で、それほど熱心なクリスチャンではなく、失明という事態を信仰によって乗り越えようとはしなかったとされます。

ジョン・モーティマーは、父が失明していないかのように行動して法廷弁護士の仕事を続けたのは、勇気のいる行動ですが、この勇気は、失明という事態を周囲が取り上げて話題とすることを避けるという決心からきたものであると書いています。英国人の中には、日常生活を一変させかねない困難な出来事に遭遇すると、このような出来事によっても日常生活を変えないことが強さであると考えて、日常生活を変えないことに絶大なエネルギーを注ぐ人が少なくありません。ジョン・モーティマーの父の行動と母の協力も、このような文脈で理解できるのかもしれません。

父は、ジョン・モーティマーに対しても、自分の障害のことは一度も口にせず、常に、人生と職業の先輩らしく、余裕のある態度で接して、ユーモアのある助言を続けています。父の死後、ジョン・モーティマーは、母が自由に自分の生活をすることを望みますが、母は、庭の園芸を今までのとおりに続けて、最新の判例集まで目を通して、父が死んでいないかのように暮らし続けたと書かれています。

ジョン・モーティマーは、父との関係を、一九六三年に「父をめぐる航海」で戯曲化します。BBCがテレビ化した後、一九八二年にテムズ・テレビがリメイクして、父をローレンス・オリビエが演じましたが、日本でも放映された記憶があるので、ご覧になった方があるかもしれません。

ジョン・モーティマーは、一九二三年生まれ、名門パブリックスクールのハーロウ校からオックスフォード大学へと進学します。ハーロウ校時代には、学校行事にOBである政治家のチャーチルが参加したエピソードも紹介されています。もともと文学好きで、作家を目指していたようです。第二次世界大戦中は、視力等健康上の理由で兵役にはつかず、英国の宣伝ドキュメンタリー映画を作る会社で脚本を書いています。終戦後、結局、法廷弁護士になるのですが、父の影響が大きかったようです。

ジョン・モーティマーは、自分がロンドンの犯罪を職業とする一家に生まれたのであれば、弁護される側になっていただろうとも書いています。父は、最初の短編小説が売れたと伝えた息子に対し、「作家になりたいって?」「息子よ、少しは、君の奥さんの不幸を考えてごらん。作家になったら、一日中ガウンを着て家の中にいることになるのだから」「法律をやる大きな利点は、君を家から外に出してくれることだ」などと言って法律家になることを勧めたと書かれています。

法廷弁護士は、個々の弁護士が事務弁護士から事件の依頼を受けるシステムになっているため、事務弁護士に力量を知られなければ仕事はきません。しかし、そのためには、事件の依頼を受けて法廷へ行く必要があるというジレンマがあります。ジョン・モーティマーの所属した法律事務所のベテラン法廷弁護士は、法廷弁護士になって最初の十年間、事件依頼がほとんどなくて、奥さんの作ったやわらかい毛糸のボールを傘で打って、クリケットの真似事をして時間を過ごしたと語ります。

成功しない法廷弁護士は、一生、事件の依頼がなく、他のささやかな収入を得ながら法律事務所で判例集を読み、弁護士団体のホールに食事に行っても、もっぱら他人の事件を議論するような生活が続くかもしれないと書かれています。このような期間をサバイバルするには、裕福であることがとても有利に働きますが、ジョン・モーティマーの知るベテラン法廷弁護士は、父がドイツ駐在の大使で小さいときにビスマルク首相に会ったり、祖父が首相であるなど裕福な家の人が多い印象です。

この点、ジョン・モーティマーは恵まれていました。父がすでに離婚訴訟の専門弁護士として高い評価を得ていたため、父が書面の作成などの下請仕事を回したり、自分にきた小さい事件をジョン・モーティマーに回したりしてくれたようです。ジョン・モーティマーは、結婚して大家族を抱えていたので、父に対し、下請仕事の手間賃の値上げを求めると、父はそれには応じず、もっと自分で事件の依頼を受けるようにと助言します。ジョン・モーティマーは、そこで、事務弁護士事務所の事務員さんたちと親しくなるように努めます。ランポールのシリーズで、勅選弁護士になり法廷弁護士としてのキャリアを順調に進む法廷弁護士が妻に対して事務弁護士への丁重な応接の大切さを説くエピソードが書かれていますが、実は、著者のジョン・モーティマー自身がこのような気遣いをしていたわけです。ジョン・モーティマーは、事務員さんたちの趣味の園芸や、娘さんのスポーツの成績に関心を示したりして話し相手となるよう努めます。

事務弁護士の事務員さんは、十四歳で事務弁護士のオフィス・ボーイとしてキャリアを始めて昇進していく人たちと書かれており、法廷弁護士とはそうとう異なる階級ということになります。階級社会が現在よりさらにはっきりしていた一九五〇年代の英国で、ジョン・モーティマーがこの事務員さんたちから親近感をもってもらうにはそうとうな努力が必要だったのではないでしょうか。努力のかいがあって、親しくなったものの、今度は事務員さんから、フリーメーソンの行事に夫婦でゲストとして招待を受けて、直ちに断れずに困惑する話が出てきます。

ジョン・モーティマーの弁護士活動からも、一九五〇年代の英国階級社会の姿が垣間見えます。労働者夫婦の離婚訴訟では、裁判官が、法廷に出てくる衣食住など生活ぶりを表すさまざまな言葉の意味を理解できないため、法廷弁護士であるジョン・モーティマーが当事者から意味を聞いて通訳するというエピソードが出てきます。英国では、ミュージカルの「マイフェアレディ」にあるように、階級ごとに使う言葉や表現が異なることがあります。裁判官は、中の上の階級と考えられている法廷弁護士の出身であるため、労働者階級の使用する言葉の意味を理解するには、説明をしてもらう必要が出てくるわけです。

ジョン・モーティマーは、父親が老齢から次第に法廷へ行かなくなると、父に代わって多くの離婚事件を担当するようになり、法廷弁護士としての地位を確立します。

父の死後、ジョン・モーティマーは弁護士活動に打ち込めず、弁護士活動からリタイアして、作家に専念することも考えていたころ、法律家としての転機が訪れます。アムネスティーの依頼で、ナイジェリアの法廷で、弁護活動をすることになるのです。政治的な対立の中で起訴されたナイジェリア人劇作家の弁護人となり、劇作家は無罪となります。ナイジェリアは、旧英国植民地で英連邦に加盟しており、英国式の裁判制度が採用されているようですが、ジョン・モーティマーは、無罪の推定を基礎とする英国の刑事裁判システムがナイジェリアで見事に機能していることを見て、刑事裁判制度をはじめとする英国の法がシェイクスピア、ワーズワース、バイロンと並んで世界に多大の貢献をしていると考えるようになります。

弁護士ランポールシリーズで、ランポールは英国の刑事司法制度への誇りと敬意を何度も口にしますが、著者のこの経験が反映されているように思われます。ジョン・モーティマーは、その後、多くの刑事事件を担当するようになりますが、これがその契機の一つになったのかもしれません。

日本人の私からみると、英国の弁護士がいきなりナイジェリアに行って弁護活動ができるというのは驚きです。しかし、英国へ行って、もっと驚いたことがあります。それは、英国の上告審裁判所の機能の中に、英連邦に属するいくつかの独立国からの上告を受理して、その国の裁判所の判断を覆す権限のあることでした。枢密院司法委員会という名称のこの機関は、英国内の上告を扱う裁判所とほぼ同じ裁判官で構成されています。英連邦で死刑を存置している国からの死刑事件が、枢密院司法委員会で審理されることがあることをジョン・モーティマーも書いています。ただ、現在では、枢密院司法委員会への上告を認める国は少なくなったようです。このように、英国と旧英国植民地の国々は、司法を通じて強いつながりを保っているのです。

また、ジョン・モーティマーの述べる自国の刑事裁判が世界のどの国より優れているという感覚は、英国人の多くが共有しているもののように思います。私が借りていたフラットの大家さんは、退職した技術者でしたが、私が、日本から裁判官として勉強に来たと言うと、まず、英国の優れた刑事裁判制度を勉強に来たかと問い返しました。大家さんが陪審員を務めた経験があるとのことでしたので、「どんな事件でしたか」と尋ねると、にっこり笑って、「それは言ってはいけないことになっています」という答えが返ってきました。

近年、英国の政治家がヨーロッパ人権裁判所の判決をしばしば批判してニュースになっていますが、その根底には、裁判先進国のわれわれ英国がなんで自国以外の裁判所に指図されなければならないのだという気分があるように思います。

ジョン・モーティマーは、大法官に対して勅選弁護士となる申し込みをして、一九六六年に勅選弁護士に選任されます。ジョン・モーティマーの父も勅選弁護士となる申し込みを考えたようです。しかし、離婚事件には、勅選弁護士がリーダーとなって、補助するジュニアの法廷弁護士の報酬まで負担できるほど複雑で審理が長く続く事件が少ないことから、申し込みを断念したとされます。そして、離婚を専門とする法廷弁護士の中では、勅選弁護士となることを希望する者は少なく、その結果、著名人の離婚訴訟のように、勅選弁護士が受任する大型離婚訴訟では、刑事や一般民事を専門とする勅選弁護士が担当してリーダーとなり、離婚専門の法廷弁護士をジュニアとする例が多かったと書かれています。

ジョン・モーティマーも勅選弁護士となった後は、担当事件から離婚事件が減り、刑事事件が多くなります。法廷弁護士の間では、商事裁判所を高級デパートのハロッズであるとすると、中央刑事裁判所は、スーパーのテスコと見る風潮があり、その報酬はそれほど恵まれたものではないとしています。そして、刑事事件の依頼者たちの興味深い話をいくつか述べた後、離婚事件の依頼人に比べると刑事事件の依頼人にはよいところがあると書いています。それは、刑事事件の依頼人は、離婚事件の依頼人のように法廷弁護士の家に夜中に電話をかけてこないことだというのです。

私の指導をしてくれていた女性裁判官から、「今何か読んでいますか」と質問され、「ジョン・モーティマーの自伝を読んでいます」と答えたことがあります。すると女性裁判官は、「あの人は、法廷弁護士としては、ダーティー・ブックケースで有名になったのよ」と声を潜めて言いました。「ダーティー・ブックケースって何ですか」と質問すると、「ダーティー・ブックケースよ」と答えて、察してくれとばかりに、顔をしかめて見せました。はたと思い当たって「『チャタレー夫人の恋人』みたいな刑事事件ですか」と聞くと「イエス」とにっこり笑いました。この本でも、裁判所の法廷弁護士の着替え室などでは、法廷弁護士たちが、このような事件を「ダーティー・ブックケース」と呼んでいることが書かれています。

ジョン・モーティマーは、勅選弁護士になったころには、文学界や出版界の知り合いが多くなっていたこともあって、出版物がわいせつに当たるとして刑事訴追を受けた事件の弁護人として多くの著名事件を担当するようになります。ジョン・モーティマーは、控訴院で、法律と文学の違いについて弁論したことを書いています。作家は、人間の経験するすべての分野を探検しなければならないのであり、人生のすべてがその発見のための航海に開かれているのであって、作家のただひとつの義務は、自分が真実であると考えるところに戻ることだけであって、芸術の世界では、行っては行けないエリアはあり得ないと主張したというのです。ジョン・モーティマーは、いくつかの著名事件で無罪判決を得ています。

私生活の面では、ペネロープとの離婚、再婚がありましたが、執筆活動の面では、テレビで放映された「父をめぐる航海」の拡大版の舞台用脚本の依頼を受けます。母は、このテレビ番組を見ることを注意深く避けて、この舞台も観ようとはしません。このような母の態度には、正しいところがあると書いています。それは、蝶の幼虫が自分の周りの葉を食べるように、作家は、身の回りの日々の生活を材料として作品を作ることで、そこで感じた怒り、みじめさ、敗北感、恥ずかしさ、自己嫌悪をある種の達成感に変えることができる反面、作品を書くことで自分が空っぽになってしまうとされます。ジョン・モーティマーは、この脚本を書くうちに、父が次第に自分の中から消えて、舞台の登場人物になっていくと書いています。

この公演中、母は、脳溢血の発作を起こして亡くなります。ジョン・モーティマーが無人になった両親の家を訪ね父のことを思い起すところで、この自伝は終わります。

ジョン・モーティマーは、この本の出版後、一九八四年に法廷弁護士活動を辞め、執筆活動に専念して、ランポール以外にも多数の小説、脚本を世に出し、一九九八年にはナイトの爵位を得ます。法律家としての功績ではなく、芸術への功績が認められたとされます。二〇〇九年一月に八十五歳で生涯を終えますが、法律家ではなく、本人のかねての志望であった作家の死として大きく報道されたようです。

ジョン・モーティマーは、この本の最終ページ近くで自身の生み出したベストセラーの主人公である法廷弁護士ランポールについて書いています。中央刑事裁判所の地下の独房で、ジョン・モーティマーが殺人未遂で起訴された依頼人と共に陪審員の評決を待っていたときのことです。依頼人は、ジョン・モーティマーに向かって言いました。「先生の書くランポールなら私をここから出すことができるのに、なんで先生には、それができないんだ」

ジョン・モーティマーは書いています。

「人生は、芸術にリベンジされる」

(John Mortimer *Clinging to the Wreckage: part of life* Penguin Books, 1983)

司馬遼太郎『愛蘭土紀行』

「ジャッジ大竹。アイルランドより、よい旅行先があると思いますよ。パリとか、北フランスなどどうでしょうか。ガイドブックをお貸ししましょうか」

英国人の裁判官に、裁判所の休廷期間中の休日の外国旅行の行き先にアイルランドのダブリンを選んだことを話すと、いつもは私的な問題には口を出さない裁判官が、珍しく熱心にフランス行きを勧めました。別の裁判官に旅行先を告げたときも、より婉曲ではありますが、ダブリン旅行はお勧めでないという感じが十分に伝わりました。

イギリスの裁判官には、フランス好きが少なくありません。帰国後も手紙のやり取りをしている裁判官の何人かはフランスに別荘を持っています。そうすると、フランス好きからの親切なアドバイスかなと思う反面、英国とアイルランドの不幸な歴史を考えると、外国人の私がアイルランドへ行くことで偏った印象をもつことを心配する気持ちもあるかもしれないという疑問ももちました。

一九八三（昭和五十八）年十月に家族と行ったダブリン旅行は、今でもときどき家で話が出るほど心に残る旅でした。帰国後、「週刊朝日」に司馬遼太郎「街道をゆく　愛蘭土紀行」の連載が始まりました。名古屋地裁勤務時代に連載を愛読し、一九八八年四月、最高裁判所の調査官室への転勤後に単行本も購入しましたが、ダブリン旅行を懐かしむだけではなく、この疑問に答えを見つけたいという気持ちもあったと思います。

『愛蘭土紀行』で、著者は、ロンドン、リバプールを経てダブリンに渡り、その後、アイルランドを東から西へ横断します。ジョン・フォード監督の映画「静かなる男」の舞台が近い西海岸のゴールウェイへ行き、ロバート・フラハティの記録映画「アラン」で名高いアラン島へ渡ります。さらにアイルランドの南部へ向かった後、北上してダブリンに戻るという行程でアイルランドを旅します。この間、著者が目にしたり、耳にしたもののほか、著者の歴史観に基づく幅広い考察や、この地で長く暮らす日本人の語る貴重な話も数多く収録されています。紀行文の相当部分をロンドン、リバプールの旅に割いて、秩序とビジネスが身についた英国の人たちの世界と対比することで、アイルランドの人たちの世界を際立たせます。アイルランドが文学者、詩人を輩出する文学大国であることを論じ、イェイツ、ハーン、ジョイスやスイフトの文学からアイルランド人の心情を論じます。

しかし、『愛蘭土紀行』の中でもっとも頻繁に論じられているのは、アイルランドと英国との関係のように思います。両国の間には、カトリックと非カトリックという宗派的な対立があるだけではありません。十七世紀、清教徒革命の指導者クロムウェルは、アイルランドへ侵攻してカトリック教徒であるアイルランド人の土地を奪い、多くのアイルランド人に小作人の立場を強いる行動に出ました。その後も、カトリック教徒が法律家、医師、教師になるのを禁止し、カトリックの新聞書籍の出版を禁止し、都市の商工業者がカトリック教徒の従業員を雇うことを禁止し、カトリック教徒が土地を購入することまで禁止する法律が施行されます。カトリック教徒にその収入の十の一を自分の教会でない英国国教会に税として収めさせる税制まで設けられています。マグナカルタ以来の議会政治と民主制の母国であると、英国人が日頃誇りをもって語っているところからは考えられないような政策が、アイルランドに対しては実行された時代のあることが語られます。

その結果、アイルランドの人たちが、強烈な反英国感情をもつようになるのは避けられません。著者と食事したアイリッシュ女性が、ダブリンにあるネルソン提督の銅像が過激派に爆破されたことを痛快がったというエピソードにあるように、当時もごく普通のアイルランドの人たちの多くが強烈な反英国感情をもっていることが書かれています。

『愛蘭土紀行』は、第一次世界大戦中に起こったイースター蜂起についてはデヴィド・リーン監督の映画「ライアンの娘」の遠景として触れるなど、その詳細は触れていません。私は、ダブリン行きの前に読んだテーラーの『第一次世界大戦』(A J P Taylor *The First World War: an illustrated history* Penguin Books) のイースター蜂起に関する記述から、アイルランドの人たちの反英国感情がより理解できるような気がしました。

テーラーは、第一次世界大戦中の一九一六年、英国軍には多くのアイルランド出身の兵士が従軍していた一方、アイルランドには、ドイツの援助を受けて英国に対する反乱を計画するグループがあったと書いています。一九一六年のイースターにダブリンで約二千名が武装蜂起して、中央郵便局に司令部を置いてアイルランド共和国の成立を宣言します。しかし英軍に鎮圧され、指導者たちは英軍に投降します。テーラーは、アイルランドでは、多くの市民が親類縁者を英軍に従軍させていたため、武装蜂起は不人気であったが、鎮圧後、英国が血なまぐさい弾圧をしたことで、武装蜂起の参加者を英雄にしたと書いています。テーラーは、英国が、共和国宣言に署名した武装蜂起指導者七名を含む指導者たちを軍法会議にかけて銃殺しますが、うち一人の重傷者を椅子に座らせたまま銃殺したと書いています。

また、英国領事も務めた元外交官サー・ロジャー・ケースメントは、ドイツへ渡って、武装蜂起を援助するため、兵員と武器をアイルランドへ送ることを求めます。ドイツは派兵には応じず、期待したほど多量の武器の援助もしませんでした。彼は、ドイツの潜水艦でアイルランドへ戻ったところを逮捕され、ロンドンへ送られて大逆罪で起訴され、死刑判決を受けます。死刑執行の猶予を求める声が広がると、英国政府は、彼が同性愛者であることを示すかのような彼の日記の一部を流布させ、これらの声を沈黙させて、死刑を執行したとテーラーは書いています。

『愛蘭土紀行』は、第一次大戦でドイツに戦勝した翌年から、アイルランド側が独立戦争と呼ぶ三年の紛争が継続し、英国は、アイルランドに兵を送ったものの、精根尽き果てたように北部を除く二十六州を手放して、英連邦内の自由国の成立を承認せざるを得なくなり、第二次大戦後に共和国としての完全独立と英連邦からの独立を承認したと書いています。

『愛蘭土紀行』は、英国が、十九世紀のアジアでは、阿片戦争以来「魔物」として歴史を作ってきたが、第二次大戦後、植民地を維持する力のないことを知ると「キモノをもとの反物《たんもの》にもどす」ように独立させて、英連邦へ加入させるというみごとさを発揮したと書いています。

しかし、アイルランドについては、英国が一九一六年にも「魔物」の姿を見せ、「キモノをもとの反物にもどす」みごとさを発揮することはできなかったということになりそうです。

こうしてみると、英国人の裁判官たちは、やはり、外国人である私が、アイルランドの人たちの強烈な反英国感情に接して、偏った印象をもったまま日本へ帰ることを心配したのではないかと考えるようになりました。また、彼らの立場に立てば、私のアイルランド旅行を止めたくなるのも理解できるような気がしてきました。

家族と訪れた一九八三年十月のダブリンは、日が短く、どこかに寂しさを感じさせる街でした。ロンドンはもちろん英国の他の都市と比較しても、町並みは質素で、野菜を載せた馬車が、自動車とともに中心街の大通りを走っている光景も見られました。ホテルなど建物の内装も英国の建物と比較すると、近代的ではあるものの重厚感に欠ける印象でした。町を行く人たちの服装は清潔ですが、贅沢な感じやお洒落さを感じさせるものではありませんでした。その物腰には英国の町で見る人たちのような余裕は感じられませんでした。ダブリンの中心街には、ロンドンの中心街には見ない物乞いをする人たちがいて、若い女性の姿もありました。

家族で中心街のレストランで夕食を取っていたとき、背広ネクタイ姿のサラリーマン風の中年男性がそばの席に座りました。何を注文するかと横目で眺めていると、分厚いトーストを注文して、そこに何センチも厚くバターを塗り、それで食事にしているようでした。そのときは、もしかしたら、何か別の事情があったのかもしれないと思いました。しかし『愛蘭土紀行』の中で、一九八七年の「ニューズウィーク誌日本版」が、アイルランドの失業率が二十パーセント、改善の見込まれない不況の中、過去五年間に七万五千名以上の若者が海外へ移住したという記事を掲載したとされていることからすると、本当にこれが夕食であったのではないかと考えるようになりました。

ダブリンの人たちがこのような経済的苦境の中で、意気消沈しているかというと、そうではないように思えました。イースター蜂起の拠点となった中央郵便局は、中を見ることはできませんでしたが、市内のいろいろな場所に、イースター蜂起とのゆかりを示すプレートがあり、独立戦争や反英闘争に献身した人たちを顕彰する記念物がありました。アイルランドにとっては、イースター蜂起とその後の独立戦争での犠牲が、国のアイデンティティを支え、現在の問題を解決する力の源となる出来事であると考えられているように思いました。アイルランドの国のシンボルカラーは緑であり、いろいろなものが緑色に塗られていました。英国では赤い郵便ポストもダブリンでは緑色に塗られていましたが、よく見ると、ヴィクトリア女王の時代に製作された英国製ポストであることを示す標識が緑のペンキの下に見えているものがありました。英国製の赤いポストの上から緑のペンキを塗っているわけです。英国製の赤いポストをすべて廃棄して、自前で緑のポストに作り替えるところまでは、経済的な実力が伴っていないということでしょうか。

アイルランドの人たちのこのような心情は、これまで書いてきた歴史と英国の仕打ちからすれば、十分に理解できるものです。しかし、このようなアイデンティティの主張の仕方をするアイルランドは、英国から見ると、とても付き合い方が難しい国になっているように思いました。この難しさは、隣国であるにもかかわらず、二〇一一年の英国女王のアイルランド訪問と二〇一四年のアイルランド大統領の訪問が、一九二二年の自由国の成立以来初めての元首の訪問であると報道されていることにもあらわれていると思います。

『愛蘭土紀行』には、英国支配下の一八四五年から四九年までの間に、ジャガイモの病害菌のために発生した大飢饉によって、当時のアイルランドの人口九百万人中、百万人が餓死し、百五十万人が国を去り、その多くがアメリカへ移住したことが書かれています。当時、英国が阿片戦争で清国を下し、ヴィクトリア女王の時代の繁栄の下にあったことを考えると、アイルランドを去った移民の子孫であるアイルランド系のアメリカ人たちの英国に対する心情は単純なものではなかったはずです。『愛蘭土紀行』では、この時にアメリカに移住したアイルランド人の子孫であるジョセフ・P・ケネディに焦点をあてます。ケネディ大統領の父であり、ルーズベルト大統領の有力な後援者として、第二次大戦初期に米国駐英大使を務めましたが、その親独、反英的な言動で知られた人物です。著者は、ケネディ大使が英国に友情を感じず、アメリカを代表するより、アイルランドを代表していたのではないかという観察のあることを紹介した上、アイルランドの歴世の苦悩を思うと、ケネディ大使に愛を感じるほどに同情がわくと書いています。

ダブリンを歩いていると、英国に比べてアメリカ人の観光客が多いことに驚かされます。『愛蘭土紀行』に訪問記が書かれているグレンダーロクの修道院遺跡は、私の一家もバスで訪ねましたが、その際、同乗した観光客はアメリカ人の若者だけでしたし、空港でも、アメリカ人は別に搭乗手続がされていました。

ホテルの部屋へ入ると、机の上に「あなたの先祖を探します」という題名の調査会社の申込書が、宛先を印刷済みの封筒と一緒に置いてありました。アメリカ人観光客向けのものです。「あなたの先祖は、何年にアメリカへ来ましたか」「アイルランドの出身地をどこだと聞いていますか」「そこに親類がいると聞いていますか」「アメリカで最初どこに住んだと聞いていますか」などの質問シートに回答を記入したうえ、百ドルの小切手を同封して投函すると、アメリカに帰国した後に、アイルランドの先祖のことを調べた調査結果が送られてくるという仕組みのようでした。

ダブリンを訪れ、先祖のことを考えながらこの質問シートに記入しているアメリカ人たちのことを想像すると、彼らの見るダブリンの景色は、私の見る景色とはさぞかし異なるものだろうと思いました。

『愛蘭土紀行』の中では、アイルランドに長年住んでいる日本人が、異口同音にアイルランド人が日本びいきであると語っています。そして、日本びいきが、今まで述べたような反英国感情から出発して、敵の敵は味方と考える結果、英国とかつて戦争をした日本人に対して親切になるということが紹介されています。

この部分を読んで、アイルランド系の法律家で親切にしてくれた方々の顔が浮かびました。アイルランド系の法律家の中には、確かに日本人である私に親切な方が多いと感じましたが、同時に、スコットランド系の法律家の方々の中にも、日本人に対して親切な方が多いことを思い出しました。

アイルランド系とスコットランド系の法律家の方々にお世話になっている間に、ひとつ疑問に思ったことがありました。それは、スコットランド系の法律家はある程度以上親しくなると例外なく「私はスコットランド人である」と誇らしげに自慢をします。しかし、アイルランド系の法律家の場合には、自分からアイルランド人だと話されることはほとんどなく、他の人から、彼はアイルランドの人だという話が耳に入ってくることが多かったのはなぜだろうかという疑問です。

自分が何人だなどと言わないのが普通であるとすれば、「私はスコットランド人である」と自慢するのがスコットランド人の独特の心情ということなのかもしれないと考えたり、あるいは、英国の社会の中で、スコットランド系の人とアイルランド系の人の立場の違いが反映されているのかもしれないと考えたりして、まだ、結論は出ていません。

アイルランド系、スコットランド系、イングランド系を問わず、一度にたくさんの法律家とお会いする機会となると、当時英国の司法行政上の最高位であった大法官が主催する裁判所開所式(Lord Chancellor's breakfast)とよばれる式典のレセプションということになります。ウエストミンスター寺院で、大法官が主催のミサを行って、その司法期間の裁判が無事に行われることを祈った後、大法官主催のレセプションが行われます。英国の裁判官、勅選弁護士のほか、私のように外国から来た法律家も、法服を着て参加します。

このレセプションの会場で、国際文化交流機関であるブリティッシュカウンシルの顧問弁護士から、何人かの裁判官を紹介された後、小柄な地味な感じのする年輩の裁判官を紹介されました。控えめで英国的なマナーを感じる方でした。その際、顧問弁護士から「今、わが国で一番大変な仕事をしている裁判官ですよ」という言葉がありました。すると、私の周囲にいた裁判官たちが口々に賛同しました。そのただならぬ雰囲気に「どのようなお仕事を担当されているのでしょうか」と恐る恐る質問すると、ちょっとはにかんだような表情を見せて、「北アイルランドでＩＲＡの刑事事件を担当しているのですよ」という答えが返ってきました。

ＩＲＡは、当時、武装闘争を続けていた組織です。その政治的な主張は、アイルランド共和国の独立後も、英国領に残ったアイルランド北部六州を英国から分離して、アイルランド共和国を形成する南部二十六州と統合してアイルランドを統一するということでした。英国保守党の党大会の会場のホテルを爆破して、サッチャー首相の暗殺を図った事件は有名ですが、私の在英中も時々IRAによる爆弾事件が起きて死傷者が出ていました。北アイルランドでは、警察官、軍人ばかりでなく、裁判官も標的にされて暗殺事件が起こっていました。英国人は、自国を近代的な陪審制の発祥の地と考えて、陪審制を民主主義の基礎をなすものとして誇りにしています。しかし、北アイルランドのIRAや英国支持派のテロ事件については、陪審によって裁判を受ける権利を停止して裁判官の単独裁判で審理をする特別立法がされているということで、この裁判官は、陪審ではなく、裁判官単独でこのような事件を審理し判決をしているとうかがいました。

『愛蘭土紀行』には、IRAや北アイルランド紛争は詳細には書かれていません。あまりに政治的で生々し過ぎるということかもしれません。しかし、実際に英国で生活していると、IRAや北アイルランドの紛争にも関心をもたざるを得ません。そして、歴史的な背景があり、深刻で解決困難な紛争を長期間国内にかかえながら、英国人が何事もないかのように日常の生活、経済活動、行政、政治を淡々と進めていることに不思議な感じがして、なぜ、このようなことができるのか知りたいと感じていました。

私の在英中、ロンドンの高級デパートであるハロッズの前に駐車した自動車に仕掛けられたIRAの爆弾が爆発して、若い婦人警官が亡くなった事件がありました。

翌日、亡くなった婦人警官の父母、兄弟など近親者たちがとった行動は、私には意外なものでした。皆でそろってハロッズへ買い物に出かけたのです。報道陣の質問に「テロリストに対し、暴力によっては、自分たちの生活はいささかも変えることができないことを示すために一家でここへ来た」と答えていました。悲しみだけでなく、むしろ、怒りと決意を伝えるコメントでした。英国人は、困難な局面で、なお、日常の生活や自分のペースを変えないことを強さの表現と考えて、そのために惜しみなくエネルギーを使うと感じていましたが、このような英国人のメンタリティが長年の深刻な紛争の下で淡々と物事を進めさせてきたのかもしれないと思いました。

その後、一九九八年にＩＲＡと英国政府との間で和平合意が成立しました。和平の仲介者として、アイルランド系のアメリカ人政治家が大きな役割を果たしたと報道されていますが、これまで書いてきたことからすれば、なるほどという感じがします。

北アイルランドにはＩＲＡのリーダーであったといわれるマクギネス氏が副首相として参加する自治政府が成立して、二〇一二年六月には、北アイルランドを訪問した女王とマクギネス副首相が握手をしたことが大きく報道されました。

『愛蘭土紀行』で著者は、一つの民族が他の民族に歴史的怨恨をもつというのは、その民族にとって幸福であるのかどうかわかりにくいと書きます。そして、「それは歴史を知らない者の謂《いい》だ」という人があれば、その人はきっと歴史というものを別なふうに理解しているのだろう、歴史は本来、そこから知恵や希望を導き出すべきものなのである、でなければ何のために歳月を重ねるのか、無意味になると書いています。

（司馬遼太郎『街道をゆく三十・三十一　愛蘭土紀行Ⅰ・Ⅱ』朝日新聞社　一九八八年）

萩原延壽『遠い崖　アーネスト・サトウ日記抄』

「部長、立派な紋章が印刷された封筒で英語の手紙が来てます！」

女性の書記官が目を輝かせながら、一通の封書を手に足早に裁判官室へ入って来ました。裁判所の職場では、裁判長を「部長」と呼ぶ習慣があります。早速開封すると、英国大使館から大使の夕食への招待状でした。「部長、すごい！」、声をあげて、書記官室へ駆け戻って行きました。来日する政府メンバーであるゲストを囲んで大使館の中にある大使公邸でインフォーマルなディナーをするとのことで、フォーマルな服装は必要ないと書かれていました。

書記官室へ顔を出すと、「部長、鞄持ちいりませんか。桜で有名な英国大使館の大使の住まいへ入れるなら、私が鞄持ちをします」「僕を運転手にどうでしょうか」という声が次々上がり、部屋はしばらくこの話題で盛り上がりました。東京地裁で金銭トラブル、土地建物の紛争、離婚など一般の民事裁判を担当する部署で裁判長をしていたときのことです。

大使の公邸では、シャンデリアのある天井の高い大きな部屋へ通されました。白い内装で、天井に届くような大きな窓があります。ディナーが始まるのを待って、数名がグラスを手に静かな声で談笑しています。テラスへ出ている人たちもいます。

主賓は、公務で来日した英国の大法官府の幹部の方でした。下院議員や官僚ではなく、政府からこのポストへ任命されるまで、法廷弁護士として法廷活動もしていた勅選弁護士ということでした。当時大法官府は、英国で裁判所の運営等も担当していた部署です。そのうち、招待客も次々に到着して、日本人の招待客は、大学の法学部の先生、弁護士ら数名となりました。大使のほか、大使館員も歓談に加わっています。シャンデリアの輝く豪華な部屋に静かな英語の声が流れ、つい先ほどまで、法廷、裁判官室、和解室と動き回っていたのが、うそのような世界です。

開いた窓から、月の光の中に、木々が鬱蒼と茂る大使館の庭が見渡せました。庭の木の中には、桜など明治時代に公使を務めたアーネスト・サトウが植えたものがあると聞いていました。ちょうど、萩原延壽『遠い崖　アーネスト・サトウ日記抄』を読んでいるところでしたので、アーネスト・サトウの見た庭は、どんな景色だったのかと想像してしまいました。

萩原延壽『遠い崖　アーネスト・サトウ日記抄』は、幕末から明治始めにかけての日本を、日本に駐在した英国外交官の目を通して描いています。「アーネスト・サトウ日記抄」という副題が付けられていますが、著者は、アーネスト・サトウの日記だけではなく、上司のパークスら駐日公使が本国の外務大臣、次官に送った公信、半公信、外務大臣からの訓令など膨大な英国の外交文書を読み解きます。そして、日本側の原史料まで参照しながら、日英関係の全体像と、英国から見た幕末の日本の政治史を描いています。

当時の英国の駐日外交官や本国政府の分析を通してみると、幕末の日本の政治の新鮮な一面が見えてくることがあります。また、知っているつもりでいた維新の著名人たちの意外な素顔がうかがえることもあって、どこを読んでも新しい発見があり、興味の尽きることがありません。「朝日新聞」に連載中から読者でしたが、単行本になって、東京地裁で裁判長の仕事をする少し前から改めて読み始めました。その後も断続的に読み継いで、結局、アーネスト・サトウの来日直後の生麦事件を扱う一巻から、明治新政府が成立して、箱館戦争中にアーネスト・サトウが賜暇で帰国し再来日する八巻まで読み進みました。

アーネスト・サトウは、ロンドンのユニバーシティカレッジを終え、英国公使館の通訳生として一八六二（文久二）年の生麦事件の直前に十九歳で来日します。父は、ラトビアのリガから英国に移民して金融業を営んでいました。その後、一八六九（明治二）年賜暇を得て帰国するまで六年半を日本で過ごしますが、私が読んだのはこの時期に関するもの、ということになります。アーネスト・サトウは、その後、日本に一八七〇年から一八八二年まで勤務し、一八九五年から一九〇〇年まで日本公使を務め、このときに、大使館の桜など多くの樹木を植えたといわれ、一九〇六年北京公使を最後に引退します。

この本の多くの登場人物の中で、特に存在感を発揮しているのは、公使のパークスです。若く、外交官としての地位も低いアーネスト・サトウに、パークスのような存在感を発揮しろという方が無理な注文ということになるでしょう。著者の描くパークス像は、L・ストレイチー『ヴィクトリア朝偉人伝』（中野康司訳　みすず書房）の描くナイチンゲールやゴードン将軍のように、絵に描いたような偉人とは程遠く、複雑で血の通う存在感に富んだ人物として描かれており、ストレイチーに代表される英国の伝記文学の伝統を感じさせるものになっています。

パークスは、英国外交官のイメージにある紳士的で洗練された人物とは正反対だったようです。明治新政府で外交を担当した伊達宗城が岩倉具視に出した手紙に「応接のたびごとに怒罵愚弄《どばぐろう》の甚だしく、如何に鉄面皮《てつめんぴ》無識の宗城にても堪え忍びがたし」と書いていることが紹介されています。岩倉具視がアーネスト・サトウに対して、パークスについて「かれの助言が受け入れられる場合でも、それはかれにおどかされてやむなくそうしたのだと一般に思われている。かれの激情的な性格は大きな不幸である」と語っています（第八巻「帰国」）。

このようなパークスの個性と仕事ぶりは、その異色の経歴と無関係ではないように思われます。英国で初等教育を受けますが、両親を亡くし、中国に在住していた姉を頼って中国へ渡ります。中国語を勉強して十五歳でカントンの領事館員に採用され、英国の外交官としては最底辺のポストから、実力で昇進を重ねます。アロー号戦争では、清国側の捕虜となるなど命がけの活躍をして三十四歳の若さで女王からサーの称号を与えられ、領事部門のトップである上海領事を務めます。そして、外交部門のポストである日本公使に転じました。三十七歳で日本赴任、動乱期の日本で、英清外交の厳しい現場で鍛え上げられた剛腕を振うことになります。日本側の交渉担当者に対し「応接のたびごとに怒罵愚弄の甚だしく」という厳しい態度をとることになるのです。

著者によれば、当時の英国の外交官には、主に本省勤務をする者、在外勤務に終始する者に分かれ、さらに後者が外交部門と領事部門に分かれて、外交部門が優位に立つとされます。パークスが最初に採用されたのも、アーネスト・サトウが採用された通訳も、領事部門に属します。両部門は、採用も別々で、外交部門が名門私立学校であるパブリックスクール出身で、オックスフォード、ケンブリッジの卒業生で独占されたのに対し、領事部門は、アーネスト・サトウの出身校であるロンドン、スコットランド、アイルランドの大学が多いとされます。その中でも、パークスのように、高等教育さえ受けていないというのは、幹部としては異例の経歴ですし、領事部門から外交部門へ異動することは、十九世紀では極めて稀であったとされます。

著者は、パークスが、アーネスト・サトウの実力を高く評価したものの、個人的に親密な関係ができなかったとします。これに対し、外交部門の部下ミットフォードに対しては、パークスが「敬意」を払っていたふしがあるとします。ミットフォードが貴族出身でイートン校からオックスフォード大学を卒業して皇太子の親しい友人であることから、パークスの側に異なる社会階級のミットフォードへの敬意のようなものが感じられるというのです（第八巻「帰国」）。ミットフォードは、パークスの本国への公信、半公信を執筆していたとされます。

公信、半公信は、洗練された優れた英語で書く必要があり、英国で初等教育しか受けていないパークスには、苦手な分野だったのではないでしょうか。そうすると、最高の教育を受けたミットフォードが、この分野を良く助けたことがパークスの好意の背景にあるかもしれないと思いました。英国の外交官の間では、簡潔で内容豊かな文章を書くことが重視されていたことは、細谷雄一『大英帝国の外交官』（筑摩書房）の中のエピソードからもうかがえます。『大英帝国の外交官』では、外務次官に「私は、どうしたらそのような限られた紙幅の中で、これほどまで多くの優れた見解を描くことができるのか、不思議でたまらない」と称賛されて能力が認められた外交官の話が紹介されています。

私が『遠い崖　アーネスト・サトウ日記抄』を手にした主な動機は、英国が、どのようにして、早い段階から、政争を勝ち抜くのが薩摩であると見極めて応援をしたのか知りたいと思ったことにあります。幕末維新関係の本を読んでいる間に、フランスが幕府を支援し、英国が討幕派特に薩摩を応援したという印象をもつようになっていました。

しかし、著者は、パークスと英国の外交政策は、英国の貿易上の利益の保護を第一とする中立政策であって、私のもった印象は、伝説にすぎないとされます。この伝説が日本で広く流布するようになったのは、アーネスト・サトウの回顧録である『一外交官の見た明治維新』の記述にあるというのです。アーネスト・サトウは、薩摩の西郷、長州の桂、伊藤、井上、土佐の後藤など幕末維新で活躍する有力者と深い交友を結ぶようになっていました。アーネスト・サトウの日本語のレベルが相当なものであった上、条約を結ぶことのできる日本の主権者が将軍であることに疑念を表す論文を、横浜の英字新聞に匿名で掲載し、これが「英国策論」という題で邦訳され、国内の幕府批判派の間で広く読まれたこと（第三巻「英国策論」）がその理由であるとされます。そして、アーネスト・サトウが明治時代に書いた回想録の中では、明治政府の高官となった彼らとの幕末からの交友関係を紹介しながら、英国が薩摩を応援したかのような印象を与える記述をしたというのです。

『遠い崖　アーネスト・サトウ日記抄』の中にも、アーネスト・サトウが、討幕派よりの言動を繰り返していたことが書かれています。しかし著者は、このようなアーネスト・サトウの言動が、当時の英国の外交方針とは一致していないと書いています。

確かに、著者が紹介するパークスの外相あての公信、次官あての半公信にも、外相から公使への訓令にも、英国が薩摩など討幕派を支援する政策をとるとは書かれていません。英国の対日政策は、日本の貿易の大半を独占していた英国の貿易上の利益を守ることを最優先の目標としています。そのために、日本の政権に対し、条約の履行と在留英国人の生命身体財産の保護を強く要求し、時に英国東洋艦隊による砲艦外交的な威嚇も辞さない強硬策をとることもあります。

しかし、日本国内の政争については、一方に明確に加担しないように細心の注意が払われているようです。日本人自身の手で政争を決着させることにして、英国の要求に応える能力のある政権であれば、現政権であろうと反対派の作る政権であろうと外交関係を結ぶという方針で一貫していることがわかります。

パークスは、この政策を実行するため、自分は主に幕府の高官と交渉する一方、アーネスト・サトウら日本語に堪能な複数の英国人通訳官を、英国東洋艦隊の軍艦で日本各地に派遣して、薩摩など討幕派の各藩の有力者と接触させながら、広く情報を集め、この幅広い情報に基づいて、不安定な幕末の政局の中で、英国の国益を守るしたたかな外交活動を進めていきます。

パークスは、将軍となった徳川慶喜に拝謁して魅了され、宮廷政治家としての高い能力と上品で機知に富んだ魅力的な人柄を珍しく手放しで称賛します。そして、慶喜の下で日本政治が安定することを期待するという報告を本国へ送っています（第四巻「慶喜登場」）。大政奉還についても、深く心を動かれて、慶喜に共感を覚えたようです。しかし、慶喜が政局の中心である京都を放棄して大坂へ戻ると、パークスは、フランス公使ロッシュの面会に割り込んでまで強引に慶喜に面会します。その結果、慶喜の中に、決断力の不足があると見てとると、危機的状況下の指導者としての適格性に疑問をもちます。そして薩摩らの対抗勢力はその正反対の人たちであるという感想を本国へ報告します。

鳥羽伏見の戦後、徳川慶喜が江戸へ帰り、京都に新政権が発足すると、パークスは、どの国よりも早く、アーネスト・サトウを介して薩摩の指導者と連絡を取ります。新政権に対して、在留外国人の保護を強硬に要求する一方、新政権が在日の公使たち外交団と外交関係を開く手順について具体的に助言し、外交使節団の参朝を実現します。この間、パークスが、他国の公使たちをまとめて、外交団の中で、その主導権を着々と確立させる様子が鮮やかに描かれています（第六巻「大政奉還」）。かつて徳川慶喜に対して抱いた好意や敬意によって、英国の国益を図る外交官としての行動がいささかも左右されることはなかったようです。

他方、フランス公使のロッシュも、徳川慶喜に魅了された一人です。ロッシュは、慶喜が京都を放棄して大坂へ戻った後も、鳥羽伏見の敗戦後でさえも支援する姿勢を変えません。ロッシュは、唯一のフランス人通訳官帰国後は、幕府から幕臣である通訳の派遣を受け、幕府以外の勢力から情報を得ることができないまま、徳川慶喜との間に個人的にも親密な関係を進めていったようです。そして、幕府への支援に深入りして、次第に日本国内や外交団の中で孤立したばかりでなく、幕府の劣勢が誰の目にも明らかになってくると、本国政府からも信頼を失っていく姿がパークスと対照的に描かれています。

パークスとロッシュの外交官としての仕事を比較すると、通訳官の養成とその使い方ひとつを見ても、絶頂期の大英帝国外交の実力が他国を圧していたことが納得できます。また、興味深く思うのは、当時、英国の外交官は、五年在外勤務をすると賜暇として一年間の有給休暇を本国で過ごす制度があって、この制度を大使館員はもとより、パークスのような公使まで利用していることです。公使が賜暇を取る間は、代理公使が任命されて、公使の役を代わって務めることになります。本省は、賜暇で帰国した外交官と接することで、さらに正確な現地情報を集め、外交官本人の能力人柄を直接確認することができる利点があります。また、この制度があることで、アーネスト・サトウが合計二十年以上日本で勤務したように、特定の国に長期間勤務させることも可能になるのではないでしょうか。外交官にとっても、パークスのように賜暇の間に英国人の配偶者を見つけたり、本国の社交界に知り合いを増やすなどの利点があって、外交官の仕事をより魅力的にしていると思われます。いずれにしても、当時の英国の外交力を支えていた贅沢な制度のように思いました。

この作品には、アーネスト・サトウの多彩な交友関係から、幕末維新物では、はずせないお馴染みの日本人が多数登場します。その中でも、著者が特に政治家としての凄味を感じるとするのが、維新前の西郷吉之助（隆盛）です。著者は、西郷には、外国勢力と接する際にこれを「利用」しようとする動きはあっても、これに「依存」する傾向はみられないとして、いわゆる江戸開城における「パークスの圧力」といわれる問題をとりあげます（第七巻「江戸開城」）。

「パークスの圧力」とは、江戸城開城、徳川慶喜の処分案などについての西郷と勝海舟の会談にパークスの圧力が及び、江戸城総攻撃が中止されたというものです。武力討幕論者の西郷が、江戸城総攻撃を独断で中止した背景には、貿易を阻害する内戦の長期化を望まないパークスからの圧力があったと従来解釈されてきたようです。

これに対し、著者は、英国側の史料からパークスが西郷、勝会談の関係者と会った日時を確定して、日本側の史料を綿密に検討した上、西郷が、自らの判断で、徳川慶喜に寛大な処置をして江戸城の開城を求めるという方針を決定したことを論証します。そして、西郷が、この方針について、江戸に進軍して来た新政府軍内の乾（板垣）退助らの強硬派や京都の岩倉具視らを説得する切り札として、パークスの意向を利用したことまで論証するのです。この部分は、謎解きの面白さもあって、この作品の最も魅力的な部分となっています。

著者は、西郷の政治家としての冴えと凄味を感じさせるものとして、西郷から大久保への手紙に書かれたエピソードを紹介します。西郷がアーネスト・サトウを挑発して怒らせてその真意を探ったというもので、この作品の中でも、特に印象深い部分です。

西郷は、パークスが徳川慶喜に抱いた好印象から、従来の中立政策から幕府より政策に舵を切ったことを憂慮してこの行動に出たというのです。西郷は、アーネスト・サトウに対し、わざと怒らせて、英国の真意を聞き出すために、幕府の兵庫開港後の政策がフランスと幕府が利益を独占するものであると述べ、このままでは、英国は、フランスの「つかわれもの（使用人）」ではないかと挑発します。すると、アーネスト・サトウは、この挑発に乗って本心を話しはじめ、幕府を強く非難して、西郷を安堵させます。

しかし、アーネスト・サトウは、幕府がフランスの軍事力を借りて薩摩を滅ぼそうとすると思うが、これを防ぐには、英国と約束を結んでおく必要があるとまで言って、パークスの中立政策に反して、英国の軍事援助まで示唆します。ところが西郷は、援助の申し出はありがたいが、日本のことは日本人の力で処理するから、そこのところは了解してもらいたいと、アーネスト・サトウの示唆をはっきりと退けます。西郷は、別の手紙の中で、アーネスト・サトウの提案を受け入れてしまえば、こちらの手をしばり、「英国に使役せらるる訳に相成り候」と解説しています。著者は、西郷の手紙に見る限り、二十四歳の青年外交官アーネスト・サトウが、辛酸をなめた革命家西郷の意のままにあやつられている感をいなめないとされます。

この話には、後日談があります。一九〇六年、アーネスト・サトウが六十二歳のとき、最後の任地である北京から帰国の途中日本に立ち寄ります。明治の元勲となっていた旧知の松方正義伯爵邸の晩餐会で、松方から、西郷から大久保宛てのこの手紙を見せられ、後に写しを送られます。アーネスト・サトウは、回想録『一外交官の見た明治維新』でこの手紙を引用しますが、西郷が、アーネスト・サトウに対し、わざと怒らせて、英国の真意を聞き出すために挑発し、アーネスト・サトウがこれに乗って本心を語りはじめたというくだりは省略されているというのです。

著者は、この手紙を読むアーネスト・サトウの胸中はざわめいたはずだ、なぜなら、この手紙は、幕末期におけるアーネスト・サトウの役割を見事に言い当てていたからであるとしています。アーネスト・サトウの自負は、「日本におけるイギリスの政策の中心人物」であり、討幕勢力の味方であったが、西郷の手紙のこのくだりを読み進んでゆくうちに、西郷が自分に振りあてていた「役割」は「つかわれもの」であったのかと深い感慨に沈んでいったにちがいない、と述べています。

アーネスト・サトウは、幕末の動乱が終わり、「新しい日本」が発足した直後に親友でもある日本語通訳のアストンに対し「これからも日本人は進歩をつづけてゆくでしょうが、われわれ外国人は、ただ退場してゆくよりほかはないと思います」と書いていますが、この西郷の手紙は、この予感の確認にほかならない、その意味では、この手紙に出会ったアーネスト・サトウを不運と呼ぶ必要はなく、むしろこの手紙によって、アーネスト・サトウと日本の関係が見事に締めくくられたというべきであろう、と書いています（第八巻「帰国」）。

さて、大使館でのディナーの話に戻りますと、やがてベルが鳴らされ、一同、ディナーの用意された部屋へ移動しました。暖色系の重厚な感じの内装のそれほど広くない部屋で、中央に大きなテーブルが置かれていました。日本人の間に英国人が座って夕食会が始まりました。今度は、テーブルを囲んで共通の話題で歓談することが多いので、英語力に自信のない私には、ますます緊張の時間というわけですが、美味しいワインが少しだけ私の会話を手助けしてくれた感じがします。

そのうち料理が運ばれてきました。マナーどおりにテーブルの上に並べられたナイフとフォークを順々に取って、料理をいただきます。何皿目かの料理のときに、私の右隣に座ったゲストの日本人女性が、他のゲストたちと違うナイフ、フォークをまちがえて選んでしまったことに気付きました。私は、思わず、他のゲストたちと同じナイフ、フォークを選びましたが、私の左隣に座った英国大使館員は、何事もなかったかのように、他のゲストとは違う女性と同じナイフ、フォークを選んで、ゲストへの配慮をさりげなく示しました。英国外交官健在なりと思った瞬間です。

（萩原延壽『遠い崖　アーネスト・サトウ日記抄　一〜十四』朝日新聞社　一九八〇年〜二〇〇一年）

II

足立巻一『やちまた』

「裁判官のお宅って、家具や物がずいぶん少ないんですねえ」

二男の出産が近くなってお願いした家政婦さんは、名古屋市内の三階建て集合住宅の一階にある官舎の中を一通り見て回ると、驚いたように口を開きました。転勤と引っ越しが多い仕事なのでなるべく物を増やさないように心掛けています。名古屋は豪華な婚礼道具で有名なところですから、一段とみすぼらしく見えたのかもしれません。そして、なぐさめるように付け加えました。

「でも、本はたくさんありますねえ」

裁判官は、帰宅後や土日も官舎で判決を書くことがあります。そこで仕事に必要な法律の専門書を自費で購入して備えています。ですから、本を入れた重い段ボールが多くなって、引越屋さん泣かせといわれることになるのです。

こんな日本の裁判官の転勤生活を英国人に説明すると、「アーミイワイフ」という言葉を教えてくれました。転勤の多い職業の夫をもつ奥さんを、英国では、「アーミイワイフ（陸軍軍人の妻）」と呼ぶというのです。英国陸軍が、世界中の植民地に展開していた時代がありますから、転勤も世界的規模だったのでしょう。日本の裁判官の転勤は、ずっと小規模ですが、それでも、私は転勤のための引っ越しを八回経験しています。引っ越しでは、そのたびに愛着のある本が見つからなくなることがありますが、八回の引越しに耐え、本棚の取り出しやすい場所を占め続けている本が、足立巻一『やちまた』（河出書房新社）です。

『やちまた』は、本居宣長の長男春庭《はるにわ》の評伝です。春庭は、視力を失いながら現代にも通用する動詞の活用の研究など日本語文法の解明に大きな業績をあげました。裁判官になって東京地裁で勤務していた一九七八（昭和五十三）年ころ、初めて読んで、その後、何度か読み返していますが、ひとたび手に取ると読み終わるまで離れられなくなる不思議な力があります。英国での生活が終わりに近づき、帰国後すぐに名古屋の地方裁判所へ転勤するという知らせが日本から届いたとき、この作品の重要な舞台となる松阪市の本居宣長、春庭・壱岐夫妻のお墓を訪ねてみようと思いました。

「本居宣長の山室山の……」と尋ねかけると、松阪駅のそばの観光案内所の年輩の女性から「本居宣長先生の」と素早く訂正されてしまいました。気を取り直して「本居宣長先生の山室山の奥墓《おくつき》へはどう行ったらよいのでしょうか」と尋ねました。結局、その時間帯は、タクシーを使うほかないようでした。タクシーに乗って運転手さんに「行く人は多くないのでしょうか」と尋ねると「年に二、三人しか乗せませんねえ」という答えが返ってきました。

タクシーを降りて参道をしばらく登ると、本居宣長の奥墓に着きました。周囲は鬱蒼と木が茂り、訪れる人もなくひっそりとしていました。奥墓は、本居宣長の遺言書に基づいて設計され、遺言書にあったように山桜が墓の背後に植えられていました。墓の前に、遺言書にない平田篤胤の歌碑があるのが気になりました。

その後、市内の樹敬寺にある本居宣長、春庭、壱岐のお墓を訪ねました。一九八七年秋の日曜日のことです。名古屋地裁では、民事事件を扱う部門で、裁判官が一人で担当する裁判の裁判長と、合議で審理する裁判で三名の裁判官の中でナンバーツーをしていました。また、裁判官、検察官、弁護士の卵である司法修習生の指導係もしていました。

翌日、司法修習生の指導行事の休み時間に、指導係の責任者をしている裁判長に、昨日の出来事を話して、「地元では、本居宣長を尊敬する人が多いのでしょうか」と尋ねました。裁判長は、私より十七年先輩、名古屋とその周辺の裁判所の勤務が長く、名古屋の弁護士さんたちからとても尊敬されていました。ロマンスグレーの素敵な紳士で、東京への単身赴任中は、仕事帰りにホテルのバーで軽くカクテルを飲んで判決書きの疲れをとったとお話しされるのがいかにもふさわしい感じのする人でした。裁判長の答えは、「僕の世代だと本居宣長というだけで、戦前の教育のイメージが強くて、食わず嫌いのところがあります。松阪は違うのかもしれないけど、名古屋では本居宣長のお墓へ行ったことのある人の話はあまり聞いたことがありませんねえ」というものでした。

さて著者は、その半生をかけて本居春庭の考証をして、『やちまた』について、本居「春庭考証のきわめて私的な記録」と書いています。『やちまた』には、本居春庭の生涯と研究の過程が解明されていく面白さがありますが、それ以上に、春庭の生涯や心情、考証を続ける著者自身や周囲の人たちの人生が描かれることで、人の生きる姿が息苦しいまでの迫力で明らかにされていきます。

著者が春庭に興味をもつのは、国文学を教える官立の専門学校の在学中です。この専門学校は、学生に神官の子弟が多いのですが、月謝が安く中等学校の教員資格が得られるため、家庭の事情で早く手に職を付けたいと願う学生も入学していたようです。著者は、父を早く亡くし、その後著者を引き取った祖父も亡くなって、神戸の親類の家に引き取られるなどの事情があり、教員の資格を取って母を養うことを望んだとします。また、国文学が好きなこともあって入学したと書いています。著者が四年生の時に盧溝橋事件が起こり、その後、この専門学校の在学生に召集令状が届き始めた時代でした。

著者は、白江教授の文法学概論の授業で本居春庭のことを知ります。教授は春庭について、本居宣長の長男として生まれ、幼時から父の仕事を助けるが、二十九歳から眼病を患い、三十二歳のころには完全に視力を失ったこと、その後も語学について非常な熱意をもっていたこと、四十四歳のときに『詞の八衢』を、六十六歳のときに『詞の通路』を完成させて、六十六歳で没したこと、『詞の八衢』では動詞の活用を研究し、『詞の通路』では動詞の自他の別を研究したが、『詞の八衢』は、動詞に四種の活用のあることを膨大な文献を用いて帰納的に明らかにした名著であること、春庭没後の百年で動詞の活用の研究に著しい進歩はなく、その後の研究者も『詞の八衢』の春庭の説を基本的に動かすことができないでいること、春庭自身、相当な自信をもっていたようで、宣長の養子大平への手紙で、「古今未だ誰も申出ず、発明の著述にして、末代まで動かざる説にてござ候」と述べていること、春庭は、『詞の八衢』で「詞のはたらきはいかにもいひしらず、いとも〳〵くすしくたへなるものにして」と書いており、この不幸な語学者が、詞の語法、活用を研究するにつれて、詞の精妙におどろきたのしんだことを見ることができること、『詞の八衢』については、その成立や同時代の他の学説との関係など不明な点が多いことなどを解説します。

教授は、これらを述べた後で、「ふしぎですねえ……語学者には春庭のような不幸な人や、世間から偏屈といわれる人が多いようですねえ……」とつぶやくように付け加えますが、著者は、「そのつぶやきのような声が、突然、わたしを射た。盲管銃創の痛さがあった」と書いています。そして、著者は、いかにも育ちがよさそうで、ヨーロッパ文学の学究というほうがふさわしい風貌の白江教授が春庭をはじめとする語学者たちとどこか似かよっているという感じをもちますが、なぜ、白江教授が偏屈者の好んだということばの学問を選んだのかという質問は飲み込んで授業を終えます。「ことばは人間が社会を結ぶ一番基本の条件であるはずなのに、ことばに興味を持って法則を発見した人たちが、社会から尋常の人間でない偏屈者といわれたり」「春庭のように失明し」「いずれも社会から閉された存在であったというのは、どうしてなのだろう?」と書いています。

著者は、この講義以来、春庭を憑かれたように調べます。教授は、失明後の春庭を妻壱岐や妹美濃が助けて『詞の八衢』の名著を成したと解説しましたが、著者は、精密かつ膨大な論証をともなう作業が、視力を失った春庭が語学に特別の知識のない妻や妹の助力を受けるだけで可能なのだろうかと疑問をもちます。名前の出ていない代作者の存在まで想像します。学業の合間を見て、宣長の厖大な著作、書簡から春庭や語学に関する著述部分を読み、さらに春庭と同時代の文法研究者の著作へと読み進みます。不明な点は、白江教授の家を訪ねて質問します。そして、春庭がどのようにして『詞の八衢』を完成させたのかが解明されていないことを知って、ますます調査にのめりこんでいきます。文献を読むだけではなく、春庭の簡単な評伝を書いた郷土史家、本居家の承継者を訪ねて質問し、春庭が療養に訪れた馬島明眼院、針修行をした京都などゆかりの場所を訪れます。

しかし、著者の調査は、卒業後長く中断することになります。神戸で夜間商業学校に勤務しますが、召集令状を受けて、三年二か月を中国の前線で過ごし、一九四一年十月末に復員して、その後、市立の商業学校に勤務します。春庭について、詩の同人誌に短文を掲載し、これを読んだ編集者の依頼で、一九四三年六月、宣長の妻である春庭の母と春庭の妻を主人公に女子学生向けに『宣長と二人の女性』を出版します。当時の時流に合わせて「婦道」を説くような内容でした。

しかし、調査研究が進んだわけではないようです。その後、再び召集令状を受け、演習中に重傷を負って入院中に終戦を迎えます。戦後は、教員を辞めて新聞記者となり、さらにその後、テレビ番組の「真珠の小箱」の構成の仕事をするようになって、春庭の調査研究は進んでいなかったようです。

ところが、テレビ番組で予定していた主題が急遽取りやめになって、臨時の企画が必要になったときに、著者の提案で、「本居春庭のこと」を製作することになります。著者は学生時代に訪ねた場所を番組スタッフとともに再訪し、著者が自分で番組の解説者をつとめます。放映した番組は、話題にはならなかったようですが、専門学校の近世文学の恩師から「近来稀に見る名放送」という葉書が届きます。

またそのころ、松阪で、本居宣長の関係文書の収蔵庫を建てるための調査で、宣長と春庭に関する新文献が大量に出現したという新聞記事に接して、著者は、専門学校卒業後ほぼ中断していた春庭の調査の再開を決心しますが、そのとき、五十歳を超えていたようです。

著者は、大量の文書の整理をしている松阪市の鈴屋遺蹟保存会に、休暇の取りやすい八月に無給の調査員となって春庭関係の文書の整理を手伝うことを申し出ます。この申し出は採用されません。それでも、毎年八月に休暇を取って松阪市を訪ね、春庭関係の文書を調べることが許され、以後、毎年八月に松阪市を訪問して調査を続けます。このような調査中、市の文化財保護委員との雑談をきっかけに、本居家の宅跡の離れを整理中に出てきた屏風の下張りから、『詞の八衢』の原稿を発見するドラマもあって、「ごく自然に、きょうまで生命を与えられた至福が思われた」と書いています。

著者は、その半生をかけた調査を通じて、春庭が、何人かの助けで厖大な単語カードを作った上、たくさんの用例を検証して仮説を修正し、草稿を練りに練って、『詞の八衢』を完成させたことを確信します。また、春庭が、これを可能にするほど、視力を失う前に、父宣長の手伝いで厖大な古典を筆写するなどして高い教養を備えていたことを知ります。こうして、『詞の八衢』が、刻苦の書であると考えるようになり、視力を失った春庭が、本当にこの研究を完成させることができたのかという学生時代の疑問に答えを得ます。

また、春庭が六十二歳のときに紋付着用を和歌山藩へ願い出た文書について、宣長の養子大平が、春庭について「廿九才にて盲人トナリ、慷慨ヤム時ナク、歎息無量憂」と朱筆で補足しているのを目にして、春庭の生涯の悲しみと孤独の深さに接します。白江教授が述べたように、この不幸な語学者が、詞の語法、活用を研究するにつれて、詞の精妙におどろきたのしみ、その研究を深めていったものと考えるようになります。そして、活用の研究は、父宣長が春庭にその失明前に残した仕事であり、父の死によって春庭の研究意欲が燃え上がって『詞の八衢』に結実したものであり、

『詞の八衢』が父追慕の著作であるという考えに至ります。

著者は、春庭にこのように長期間かかわったことについて、「わたしの春庭への興味がその学説にはなくて人生、人の運命にあったことは、はじめから気がついてはいた」とします。そして、調査の中で、目にした春庭が視力を失った後に書いた手紙について、次のように書いています。「わたしの本居春庭考証は、春庭の人生を何度も往ったり来たりしたようなもので、結局は堂々めぐりであり徒労であったかもしれない。そういう自分が大変滑稽に思われた。でも、あの盲目の手紙を目撃し得た感銘だけで、自分を慰めることができた。あの黒々とのたうち回るような心象の軌跡は、おそらくわたしの網膜から終生薄れることはないだろう」

著者は、春庭への興味が「人の運命にあった」と書いていますが、著者の関心は、春庭の人生にとどまらず、時の流れの中で、人が生きる姿そのものにも向かっています。そして、作品の中で、さまざまな人の生きる姿が息苦しいまでの迫力をもって明らかにされていることに気付かされます。

著者は、時の流れや人の運命について、独特の感覚をもっているようです。戦争中の教え子たちの同窓会に招かれて、教え子たちを見ながら、「ここにもいろんな人生が静かに、あるいはあわただしく止めようもなく流れながら、どんどん片づいていく」のが見えて、気分は妙に浮き立たなかったと書いています。そして、『やちまた』で、その人生が描かれた、著者の近しい人たちについて、著者は、「あとがき」で、「ここに記述した人たち、ことに故人の心にそむくところがありはしなかったかというおそれが、いま、重苦しく、わたしにのしかかってくる」と書いています。

著者が春庭の考証を始めたとき、主に話し相手になったのは、俳号を腸という同級生でした。著者と二人で自炊生活をした親友です。腸は、早くに父を亡くし、母が父の弟と再婚します。その後、母も亡くなり、叔父が再婚して、継母との間に弟、妹たちが生まれます。叔父は、終始、腸を長男として扱い、心遣いを示しますが、そんな腸について、「腸にはやはり早く両親を失った影のようなものが執拗にしみついていて、それは陽気になったときにむしろ逆に濃くあらわれるように思う」と書いています。

著者は、修学旅行の帰路、腸の実家を松山に訪ねて、腸と叔父との間の微妙な緊張関係を感じ取ります。腸は、卒業後、徴兵されて学徒出身の陸軍将校となります。太平洋戦争開戦前夜に「ノッピキナラヌ、スグコイ」という電報で著者を呼び寄せ、民間人の口には入らなくなっていたすき焼きを振る舞って別れを惜しんだエピソードも紹介されていますが、著者に送った葉書に、「生きてあることの苦しさにわが哭きし」と書くような体験をして、九死に一生を得て生還します。

戦後、郷里の四国で教員となって、妻子を深く愛し家族を一番に考える暮らしを送る姿が描かれていますが、その生い立ちと戦争体験を知るとそのような生き方がとても自然に感じられます。腸は卒業後三十年、同窓会直前の七月、『ニューギニア戦記』を出版し、卒業後三十年の同窓会で著者に再会します。腸は、これで生きのびた自分の義務が終わった気がするし、自分を育て生還を信じ、今は老病と闘っている叔父の期待にわずかに応え得たような気がすると語ります。著者は、「その表情にはいかにも鬱屈していたものが霧消したような、さばさばとした明るさがあった」と書いており、腸がその半生の間に叔父との複雑な関係で幸せな折り合いを得たことが読み取れます。

腸は、それから三年後、県立高校の校長をしている時に脳出血の発作で急死します。著者は葬儀に駆け付けて、暘の叔父の悲しみの深さを目の当たりにします。叔父は老衰で歩けず、息子と思われる男性に背負われながら、暘の棺を離れると「歯を食いしばりながらも、白い総入れ歯をむき出しにし、小刻みに痙攣している。声はまったく立てないで、両眼を大きく見開いたままだ。その両眼からは涙が水のように流れつづけていた」と書かれています。

『やちまた』がさらに息詰まるような迫力で明らかにしているのは、俳号遮莫という同窓生の生きる姿です。遮莫は、母が私立女学校を経営しており、跡を継ぐため中等学校の教員免許を取るために入学しました。本棚には美術全集ばかりを並べて眺めていました。勝負事にめっぽう強く、制服集合という学校の指示に反して、白がすりにセルの袴、カンカン帽で修学旅行に参加するような学生でした。著者は、卒業後、遮莫の妹と結婚して一段と近しい関係になります。

遮莫は、母の学校を継いだ後、著者、暘と三名で学校を運営しようと考えていたようです。けれども戦後、著者が早々に教職を辞め、暘も郷里に帰ってしまったため、これは実現しません。しかし、遮莫がこの失望を一切口に出さなかったことに、著者は、遮莫らしさを感じ取ります。遮莫は、一九四八年に母を亡くした後、喉頭結核にかかります。著者は、遮莫の妻から頼まれて高価なヤミのストレプトマイシンを買いあさり、新聞社から病院へ寄って、ストレプトマイシンを遮莫の背骨のすきまに注射するためその上体を折り曲げる作業を担当します。

注射は、大きな苦痛を伴うものであったらしく、遮莫は、病状が進むと、著者を見るだけでおびえるようになって、著者の考えていた遮莫らしさは影をひそめます。さらに、病状が進むと、著者の義妹に対し、著者が自分を殺して女学校を狙っているとうわごとのように語るようになります。

著者は、これを聞いて、母の築いた女学校に対する遮莫の執着の激しさに驚きます。遮莫が亡くなった後、義妹から、遮莫が色覚異常のため理科への進学を断念したと聞かされて、美術全集を眺める遮莫の姿を思い出して、立ちすくみたいほど驚きを感じます。著者は、何の秘密ももてないような遮莫でさえこうであることから、人間は誰でも「秘密の痴盲」をもっているのであろうかと感じたと書いているのです。

著者は、専門学校で、学業ばかりでなく、公私に指導を受けた生涯の師といえる教授たちに出会います。なかでも、白江教授は、著者の春庭考証と深いかかわりがありました。著者は、在学中、調べた文献の不明な点、疑問な点を教授の家を訪ねて質問します。教授は、幼い娘を膝に乗せたま ま、その文献を目にするとその場で直ちに読み解いて、やさしく懇切に著者の質問に答えます。著者は、このような指導を通じて、教授に対する尊敬の念をますます強めますが、同時に、いかにも育ちがよさそうな教授が、なぜ、教授のいう偏屈者の好んだという言葉の学問を選んだのかという疑問を深めることになったようです。また、学識豊かで、最新の研究への目配りも怠りない教授が、著作らしい著作をほとんど書いていないことにも疑問をもったようです。

著者は、卒業から三十年後白江教授の家を訪ねて、教授の帰宅を待つ間、ついに教授の夫人に教授の生い立ちのことを切り出してみます。

夫人は、まことに屈託ない声で、「名古屋の大きな病院の子でしたの」と話し始めます。「八つのとき父に死なれたんだそうですが、なんでもおとうさんという人はいろんなとこに保証人の判コを捺してて、それで財産もすっからかんになっちゃった。判コってこわいわねえ」「あの人、それから大変な苦労したようよ。親戚をタライ回しにされて、東大も苦学して出たといいますから」

著者は、白江教授も、春庭のように、八歳以降の逆境のなかの孤独からことばの世界へ入ったのではないかと考えます。文法とはことば遊びであり、ことばとは、孤独者の玩具なのかもしれないのだからと。

そんな白江教授が老人性結核で入院したと聞いて、著者は、お見舞いに駆けつけます。早々に辞去しようとすると、教授は、口ごもりながら、「遺言を書こうと思っているのですけれど、いい機会ですから、あなたには申しあげておきましょう。そう申しても大層なことは別にございません。ただ一つ……」。述べてしばらく顔を伏せ、「ぼくが死にましたら、あるいはおひとりかおふたりか、遺稿を出してやろうとおっしゃってくださるかたがあるかもしれません。そのときは、ぜひ止めるようにおっしゃっていただきたいのです……」と懇願するように顔を伏せられ、著者は、それが白江教授から聞くことができる最後のことばになるだろうとして、「承知いたしました」とだけお答えした、と書いています。

こうして『やちまた』を読んでいると、春庭の考証に打ち込む著者自身にも孤独の影が色濃く見えてくるように感じます。著者が、春庭ばかりでなく、自分が親しく接した人たちの生きる姿に垣間見える孤独を敏感に感じとり、その職業人としての人生より、その生立ちや家族への心情に多くの紙数を割いているのも、これと無関係ではないように思います。

著者は、春庭についても、父宣長への無条件の敬愛、視力を失った自分に代わって父の跡継ぎとなった養子大平に対する複雑な感情、春庭を案じる父宣長や結婚後も兄春庭をさまざまに助ける妹たちの姿など本居家の人びとの気持の触れ合いも克明に描いています。

そして、春庭の追悼歌会が春庭の死後一八六七（慶応三）年まで三十九年間、一年も欠かさず続けられたことに驚きを示します。追悼歌集を読み進める間に妹美濃、妻壱岐ら春庭に縁の深い人たちが少しずつ消えていって、ついには歌会が開かれなくなるまでの時の流れを静かに描いています。

著者は白江教授の授業から、春庭が、「この書を八衢と名づけたについては、おなじことばでもその働きざまによってどちらへもいくものであるから道にたとえたのだと述べている」と紹介します。この作品を読むたびに、時の流れの中で交錯する道を進んでいく人びとの生きる姿を怖いほどに目をこらして見つめる著者の視線に圧倒される思いがします。

（足立巻一『やちまた　上・下』河出書房新社　一九七四年）

杉浦明平『小説渡辺崋山』

裁判官には「宅調《たくちょう》」と呼ばれる仕事のやりかたがあります。「宅調」では、裁判官が住まいに裁判記録を持ち込んで判決を書いたり、証拠の検討をします。判決を書くには、集中できる時間を確保する必要がありますが、職場ではいろいろな用事のために、判決書きは中断されてしまいます。「宅調」ならば、中断なく長時間集中できるというわけです。

私自身は土曜に出勤し、平日も職場で遅くまで働いて、できるだけ仕事を家に持ち帰らないようにしてきましたので、「宅調」はとりません。けれども多くの裁判官にとって「宅調」はなじみ深いものです。

ところで江戸時代にも、裁判を担当する者が証拠などの裁判に関する書類を役宅に持ち込んで検討をする「自宅調べ」というものがあったと書かれている小説があります。杉浦明平『小説渡辺崋山』(朝日新聞社)です。蛮社の獄を摘発した鳥居耀蔵が、渡辺崋山宅で押収した大量の書類を鳥居邸に運び込んで、「自宅調べ」の届けを出して、鳥居邸にこもります。三日三晩徹夜で書類を調べて、遂に、崋山が罪に問われることになった『慎機論』の中の幕府批判を発見したというエピソードが書かれています。

私が、『小説渡辺崋山』を最初に読んだのは、裁判官になったばかりの東京地裁勤務時代のように記憶しますが、一九八六（昭和六十二）年春名古屋地裁に勤務しているときに再読しました。学生時代、東京国立博物館で、同館所蔵の「鷹見泉石像」に接して以来、渡辺崋山は私の好きな画家になっていました。この絵は、鷹見泉石の姿や表情ばかりでなく、その人柄までリアルに写し取っていて、泉石に対する画家崋山の共感まで伝わって来るように感じました。崋山は愛知県知多半島にあった田原藩の家老を務めていたので、名古屋に勤務している機会に田原を訪ねてみようと思いました。そこで、この作品を再び手にしました。

『小説渡辺崋山』は、一九六八年から「朝日ジャーナル」に連載された歴史小説です。著者は「あとがき」で、従来の歴史小説に不満を述べています。「歴史的衣裳の下に現在だけを語っているか、それとも過去をロマンチックなものと考えて現実におこりえない事件の数々を盛りこむかするのが歴史小説であった。従って人物も現代人そのものか、さもなければわたしたちと血の通わぬロマンチックなヒーローになる」というのです。そして、この作品は、「記録に拠りながらも虚構を避けず、ときには思いきった試みを試みながら、歴史小説でない歴史小説を書いたという自足感が」「残って」おり、「天保時代に生きているじぶんたちを小説にすることができ」たと書いています。

第一部は、文化文政から天保にかけて、崋山が江戸の知識人たちとのサロン的な交友関係の中で活躍する姿を描いています。同時代の文献である『慊堂日暦《こうどうにちれき》』『甲子夜話《かっしやわ》』も参照され、崋山を囲む友人たちも登場します。崋山の交友関係は、驚くほど広い範囲に及んでいます。田原藩の重臣として他藩との交際でできた友人たちのほか、谷文晁を師とする同門の画家たち、書画を好み風雅を愛する友人たち、蘭学関係の友人たちもあります。そして、出身藩を超えて意外に多くの友人を得ているのが、儒学者佐藤一斎の塾で知り合った学友や儒学者たちです。

最近読んだ土田健次郎『江戸の朱子学』（筑摩選書）は、江戸儒学では、朱子学が基礎教養化し、朱子学以外の儒学にも共通の思索の場や共通の言葉を提供して、知の厚みと柔軟さを培い、これが洋学の受容など日本の近代化を容易にしたと説いています。崋山は一斎の塾で朱子学を学びますが、その交友関係が朱子学以外の儒学者にも広がり、崋山自身が朱子学の素養を基に蘭学へ近づいたことを見ると、土田氏のこの叙述が裏付けられているように思いました。

崋山は、一万二千石の小藩の出身ですが、友人には、当時の一流の著名人たちがいます。儒学者の松崎慊堂、幕府の有力官僚である川路聖謨《かわじとしあきら》、有力幕臣の江川太郎左衛門、水戸藩重臣の立原杏所《たちはらきょうしょ》、幕臣で画家の椿椿山、蘭学者の高野長英、書家で漢詩人の市河米庵、作家の滝沢馬琴など豪華なメンバーです。

第一部は、崋山と友人たちとの心温まる交わりを描く一方、崋山が、姫路藩からの藩主の受け入れに反対する運動をしたり、家老に昇進して、幕府から課せられる藩の負担を軽減するために奔走するなど、その政治家としての姿も描きます。

第二部は、天保の大飢饉、わいろの横行する幕政、大塩平八郎の乱、漂流民を送り届けた外国船を幕府が砲撃して追い払ったモリソン号事件と、揺れ動く天保の社会を描きます。

こうした出来事を背景として、崋山は、大病を機に藩政改革への意欲を次第に失います。そして蘭学への関心を深め、モリソン号事件の幕府の対応に不安をもち、海防を目的とする幕府の相州房総検分について、副使の江川太郎左衛門の求めに応じて蘭学系の測量者を推薦するなどして、正使の鳥居耀蔵との対立に巻き込まれていく姿を描きます。そこからストーリーは、蛮社の獄の発生、崋山の入牢、友人たちの救済運動、崋山国元蟄居と息をつく間もなく展開して、崋山自害という結末に至ります。

この作品を再び読み終えた一九八六年の夏の日曜日、復元された崋山蟄居の家を田原市の池ノ原に訪ねました。作品から想像したより質素な印象の平屋建ての建物でした。作品では、崋山が農業改革のために招聘した大蔵永常の住んだ住宅を引き継いだものと書かれています。崋山が自害した小屋は、この家の傍にあったことになります。

家の近くに、石碑が建っていました。東郷平八郎が揮毫したもので、戦前崋山を顕彰して建てられたものということでした。崋山は、明治時代に維新の先駆者として再評価され、戦前には偉人として修身の教科書にも登場していたようで、この石碑はこのような崋山像に基づくもののようでした。

著者は、このような崋山像を十分に承知した上で、崋山を名家老でも偉人でもなく、魅力的な等身大の人物として描こうとしているようです。この作品の崋山は、自分が政治家に向いていないことを自覚し、隠居して絵や蘭学に専念することを夢見ながらも、自分を奮い立たせて家老の仕事に当たっています。

しかし、結局、田原藩のような小藩では、慢性的な歳入不足から抜け出すことは不可能に近く、藩政改革の実があがらないことを認識せざるを得なくなってくると、大病を機に藩政への意欲を次第に失っていきます。私生活では、品川の若い芸妓のところへ足繁く通って多額の借金を作ります。また、自分を慕う女弟子に魅かれながらも、そんな自分を懸命に抑えています。そして、これを察知した妻との間に生じる軋轢に戸惑う姿も見せます。田原での蟄居中、世事を離れて安心の境地に達したような詩作をしますが、内心では、文化的な刺激に富み、多くの友人たちのいる江戸から遠く引き離されたため孤独と絶望にとらえられます。

このように崋山は、名家老や偉人とは描かれていませんが、全編を通じて、人を引き付けてやまない魅力に富む存在として描かれています。真面目でのんびりとした人柄で、来る者を誰も拒まず、誰に対しても分け隔てなく飾り気のない誠実な態度で接します。妻の質屋通いで質札が増えても、気に病むことなく、客を温かくもてなします。絵の謝金を紙と一緒に捨てそうになるほどお金に執着をみせません。絵画の師である谷文晁のお伴で江戸の一流の料亭の料理になじみ、これを好んでいましたが、旅先ではどんな粗末なもてなしも喜んで受け入れて少しも不満な様子を見せることはありません。画業ばかりでなく、崋山の人となりが、多くの友人を引き付けているのです。このように、この作品は、崋山を四角四面の偉人ではなく、奥行のある魅力的な人物として描くことに成功しているように思います。

このような人物造形は、崋山以外の登場人物にも共通します。この作品の高野長英は、蘭学者としての並外れた能力を発揮する一方で、郷里で待つ恩義のある婚約者との婚約を一方的に解消する身勝手な行動に出て、それほど悪いと思う様子も見せません。気まぐれで女性関係の多い生活を繰り返しています。それでも、長英が時代を超える自由奔放で独立心に富む精神の持ち主であることを生き生きと描き、読者を魅了する長英像を創り上げることに成功しているように思います。

長英のように毀誉褒貶の半ばする人物ばかりでなく、一見欠点がなさそうに見える儒学者松崎慊堂の人物造形も例外ではありません。この作品の慊堂は、崋山が最も親しみを抱く存在であり、高い学識と温かい人柄を備えていますが、優れた知性にもかかわらず、子どものころから指導した鳥居耀蔵への愛情に妨げられて、耀蔵が蛮社の獄の首謀者であることを見抜くことはできないでいます。また、正妻や正妻との間の子との関係がうまくいかず、不和の原因となっている隠居所の若い手伝いの女性との間に子をなして、知人や弟子たちに大いに心配をかけています。

それでも慊堂は、わが身を顧みることなく、崋山にあふれるほどの温い気持ちを注いで、病身を削るようにして崋山救援活動に奔走しており、その姿は、読者の心を動かさずにはおきません。私もこの作品の慊堂像に魅かれて、東洋文庫の松崎慊堂『慊堂日暦』を一部読んでみました。しかし、私の素養では、この作品のように生き生きとして存在感に富む松崎慊堂像までは読み取れませんでした。

崋山、長英、慊堂のこのような造形は、「天保時代に生きている自分たちを小説にすることができ」たと著者が自負するのにふさわしいもののように思いました。

一九八六年の十月に豊橋市美術博物館で豊橋市制施行80周年記念特別展として「渡辺崋山展」が開催され、私も名古屋から駆け付けました。会場には、鷹見泉石像をはじめ、この作品に登場する松崎慊堂、佐藤一斎、市河米庵の肖像画が、完成品ばかりでなく、下絵である稿も出展されていました。稿では、完成された肖像画以上に書かれた人物の雰囲気や人柄が生々しく表現されていて、崋山の画家としての凄味さえ感じさせるものでした。

この作品の市河米庵は、崋山が当代きっての書家で漢詩人として敬意をもって交際していますが、崋山の多くの友人たちからは、金もうけに熱心な世渡り上手として嫌われています。その肖像画の完成品では、知性をただよわせ文人らしく描かれていますが、稿の方には、あくの強さと、計算高くて利にさとく冷たい感じを与える人柄が隠しようもなく表れているように感じられます。稿を見た上で完成品を注意深く見ると、完成された肖像画の中にも、稿の中に見られるある種の冷たさとあくの強さが完全には消え去っていないように思いました。

この作品では、崋山は、米庵の肖像の第一稿の下絵が「金に目のない業欲おやじ」で「名士らしい表皮の下に冷やかな利欲とかけ引きにたけた現金主義者がはっきり浮びあがって」いたのに困惑します。そこで「烏帽子をかぶっていただき、衣をつけてもらい、あらゆる線を少しずつ和らげて」十日間でお祝いごとにふさわしい画像を画きあげて、お礼に米庵が百二十両で購入した「西湖画帖」をもらったとされます。

佐藤一斎像は、下絵である稿が複数展示されていました。完成品には、私も時々手にする『言志四録』の著者で、昌平黌で多くの弟子を育成した学者、教育者らしい雰囲気が感じられます。ところが、下絵である稿を見ると、最初の下絵ほど、強烈な意思を発する精悍な武人らしい姿が描かれ、感情に動かされない強固な意思をもった人柄も見て取れました。稿を見た上で肖像画を見ると、下絵の稿に見られる人柄は、完成された肖像画にも確かに残っているように感じました。

そこへゆくと、下絵である稿と完成された肖像画との間にあまり違いが感じられないのが、松崎慊堂像でした。下絵の稿の方が気さくで温かい人柄がストレートに表れていて、どこか庶民的な感じさえありましたが、この庶民的な雰囲気を大きく薄めたのが、完成された肖像画という感じでした。このような庶民的な雰囲気は崋山の時代では、一流の儒学者にとってはふさわしくないと考えられていたのかもしれません。

崋山入獄後の友人たちの出処進退もこの本の読みどころのひとつです。肖像画の三者の対応も興味深いものです。松崎慊堂は、崋山の無実を信じて、老中首座の水野忠邦へ長文の嘆願書を提出し、幕閣の知人に働きかけたり、崋山を思う一心で、わが身を顧みることなく、獅子奮迅の活躍をします。これらの行動は、下絵の稿と肖像画から受ける人柄の印象がそのまま表れているように感じました。

佐藤一斎は、崋山の師であるにもかかわらず、有罪無罪が決まる前に救援とさわぐことがかえって崋山のためにならないと述べて、救援活動に距離を置きます。著者は、一斎の学問と行動が一致していないと嘆く崋山の友人を登場させて一斎の行動を否定的に描いています。一斎は、裁判手続に外部から働きかけるべきでなく有罪無罪が決まるまでは静観すべきであるという考えであったのかもしれませんが、崋山への師弟愛によって自分の考えや行動を左右させない強い意思を持つ人柄は、崋山が肖像画と下絵の稿で描いていたところからも感じられます。

市河米庵は、崋山とは全く面識がないと言い放って、同席者から、では評判の肖像画はどうやって描かれたのですかと聞かれて答えに窮してしまいます。市河米庵の行動も、下絵の稿に描かれた、計算高くて利にさとい人柄、稿と肖像画に残るある種の冷たさとあくの強さが表れたもののように思われます。

この作品の描く三者の対応は概ね史実に適ったものであるといわれていることからしますと、崋山の肖像画がいかに対象者を深く描き切っているかということに改めて驚かされます。

崋山の他の友人たちの態度も興味深いものです。幕臣である友人たちの多くは、老中首座である水野忠邦の意を受けて捜査が行われていることを知ると、たちまち救援活動から距離を置きます。崋山が罪を得る原因となった蘭学者の友人たちは、自分の心配ばかりして救援には動きません。比較的自由な立場にある儒学者で、崋山と特に親しく頻繁に行き来していた赤井東海、安積艮斎は救援活動に冷淡でしたし、滝沢馬琴は、崋山が陪臣の立場をわきまえずに天下国家のことを論じるのはお召し取りも当然であると言って、援助をにべもなく断ったとされます。結局、救援活動をしたのは、松崎慊堂、立原杏所を中心とする水戸藩の友人たちを除くと崋山の書画を通じた友人たちだけとなったようで、現在にも通じ、なかなか考えさせられるところのように思います。

「渡辺崋山展」の展示物の中で特に強い印象を受けたのは、崋山の「遺書　自筆墓表」です。自筆墓表には、左脇に「罪人石碑相成ざるべし、因自著」と付記され、中央に大きく「不忠不孝渡邉登」と書かれています。崋山の蟄居中の困窮救済のため、崋山の友人たちが江戸で書画会を開いて崋山の絵などを販売したことが不謹慎であるという非難を招き、崋山は、主君や友人たちに迷惑をかけることを心配して自害したといわれています。著者も、崋山が、主君や救援に骨を折ってくれた友人たちに累が及ぶのを心配して死を選んだという解釈を採っています。そして、崋山をして、その心境について、「死にたいわけではないが、死ぬよりほかはなさそうだと、他人事みたいに考え」、生涯は「一炊の夢と異るはずがない。でもいますぐこの夢を見終るのは、惜しくもなかった」と語らせて、崋山が比較的静かな境地で死を選んだものと描いています。これは、崋山自害という結末のやり切れなさの中に、わずかながら救いのある感じを与えているように思います。

しかし、この自筆墓標に向かうと、「不忠不孝渡邉登」の字は、荒々しさを感じる筆勢で激しい感情をこめて書かれているように見えます。「不忠不孝」という言葉の選択も、決して穏やかなものでないように思われます。息子立へ宛てた遺書の中で「餓死ぬるとも二君に仕ふべからず」の文字が他の字を圧する大きな字で書かれていることも強い印象を与えます。崋山の死に臨んだ心境がこの作品にある静かなものに尽きるのだろうかと考え込んでしまいました。実際の崋山には、現代人が等身大の魅力ある人物と感じる姿では描き切れない武士らしい激しい一面があったのではないか、また、ここが、著者のいう「虚構を避けず、」「思い切った試み」を込めたところではないかという気もしてきました。

この作品は、結末近くで松崎慊堂『慊堂日暦』の天保十二年十月二十七日の記事を引用しています。

「三宅侯医者鈴木春山来、崋山ノ自尽ヲ報ズ。崋山杞憂ヲモッテ罪ニ罹《かか》リ、又杞憂ヲモッテ死ス。

哀シイ哉」

一九八八年四月名古屋地裁から最高裁の民事調査官室へ転勤し、私は最高裁判事の下で最高裁調査官として法律問題の調査などを担当することになりました。最高裁のある三宅坂は、三宅家を藩主とする田原藩の屋敷のあった場所で、崋山は、この屋敷で生涯の大半を過ごしています。こうしてその後五年間、崋山ゆかりの場所にある職場に勤務することになりました。

（杉浦明平『小説渡辺崋山　上・下』朝日新聞社　一九七一年）

子母澤寛『新選組始末記』

毎朝、日本百名水に指定された湧き水のある神社を歩いていました。最高裁調査官室の勤務を終えて一九九三（平成五）年四月から大阪地裁で勤務したときのことです。職場は、労使間の裁判を専門に扱う部署でした。京都の伏見にある官舎から、御香宮神社を通って丹波橋の駅まで歩き、京阪電車で大阪へ通勤していました。

御香宮神社は、徳川家康が造営した本殿、伏見城の大手門を移築した表門があり、境内の湧水が「御香水」と呼ばれていました。「御香宮」の名は、子母澤寛『新選組始末記』の中で覚えがありました。『新選組始末記』には、幕末の鳥羽伏見の戦いで、薩摩軍が、御香宮に砲兵隊を配置して伏見奉行所を屯所とする新選組ら幕府軍に散々に砲弾を浴びせたと書かれていました。その伏見奉行所跡も通勤路からそれほど離れてはいませんでした。毎朝この通勤路を歩くうちに、『新選組始末記』をもう一度読み返したくなりました。

子母澤寛『新選組始末記』は、戊辰戦争から六十年後の一九二八（昭和三）年に刊行された著者の第一作です。著者は、新聞記者をしていましたが、当時生存する新選組の関係者から話を聞いて、この作品をまとめました。天然理心流試衛館道場の時代、清川八郎の浪士隊への応募、上京、浪士隊の分裂と新選組の起こり、禁門の変、芹澤鴨暗殺、池田屋事変、伊東甲子太郎暗殺、近藤の銃撃負傷、鳥羽伏見の敗戦、江戸への帰還、甲陽鎮撫隊の敗戦、下総流山での近藤の降伏と刑死、土方歳三の宮古湾の戦いなどを関係者の回想や史料に基づいて語り、「勇の墓」を論じる最終章に至ります。私は、中公文庫で読んだ記憶ですが、その後改版され、子母澤寛『新選組遺聞』(中公文庫)と共に再読しました。

作品には、永倉新八のような生き残り隊員からの聞き取りや、新選組に壬生の屋敷を貸した郷士八木源之丞の子八木為三郎氏からの聞き取りが収められていますが、これらは、新選組の隊士たちの行動の目撃談です。また、土方歳三の姉の夫佐藤彦五郎の子佐藤俊宣氏の聞き書きも収められています。宮地正人『幕末維新変革史　上』(岩波書店)によれば、近藤らの天然理心流剣術は、多摩地区と深くかかわっていた剣術であり、佐藤彦五郎は、自宅に道場を開く豪農で、近藤、土方のグループを物質的・精神的に支え続けた在地の代表者のひとりであるとされています。『新選組始末記』でも、天然理心流の近藤の兄弟子で、近藤らの上京後の試衛館の面倒をみており、近藤らは頻繁に連絡を取っていたとされます。

それだけに、これらの人たちからの聞き取りには、隊士の姿を目にし、声を耳にするような臨場感に富むものがあります。「隊は二列。近藤、土方は、微笑《ほほえみ》を含んで、あれ程の死戦をやったとは思われぬ程に落着いていた。打合いのため、曲ったり、折れたりして鞘《さや》へ入らない刀は、みんな抜き身のままである」というのは、池田屋事変後、隊士たちの壬生屋敷への引き上げ風景の目撃談です。「近藤先生の斬合っているところは見なかったが、時々物凄い気合が聞こえた。えッ、おうッという肝高《かんだか》い声が、姿は見えないが、われわれの腹の底へもぴんぴん響いて、百万の味方にも勝《まさ》ったというのは、近藤と共に池田屋へ斬り込んだ隊士谷三十郎の体験談を八木為三郎氏が聞き取ったもので『新選組遺聞』に収められています。

隊士の人となりについても興味深い記述があります。佐藤彦五郎家で発見された土方歳三の句集には、「しれば迷ひしなければ迷わぬ恋の道」という句が書かれ、三本墨で抹消してあったというのです。著者は、「歳三を知るには面白いものである」と書いていますが、土方は、司馬遼太郎『燃えよ剣』（新潮文庫）などで非情な統率者のイメージが強いだけに思わぬ一面を見る感じを受けます。

沖田総司については、「まだ二十歳になるかならぬの若輩だが、剣法は天才的の名手で、」「土方歳三（義豊）だの井上源三郎（一重）だのという当道場の生え抜き」や「千葉周作の玄武館で北辰一刀流の目録をもらった藤堂平助や、同じ千葉の免許をとった山南敬介なども」「みんな竹刀をもっては小児扱いにされた。恐らくは、本気で立会ったら師匠の勇もやられる事だろうとみんないっていた」という元隊士永倉新八の回顧談があります。

小説では好青年の典型のように描かれることが多いように思いますが、剣術の稽古となると話は別のようです。近藤は、試衛館時代、多摩に散在する門弟三百名余を教えるため、しばしば出稽古に行っていましたが、近藤に代わって、師範代の沖田が出稽古に行くことがありました。この沖田について、「この人は、自分の出来る割に、教え方が乱暴で、お負けになかなか短気であったから、門弟達は、勇よりはずっと恐ろしがっていた」と書かれています。土方や藤堂のような剣客を「小児扱いにする」ほどの力量をもつ若い天才が、素人である門弟に剣を教えて忍耐を失いそうになっている感じが伝わってきます。「多摩の方のは門弟といっても武士ではなく、多くが百姓の青年で、これが道場へ来る時には、大小をさして羽織を着て来る」（佐藤俊宣氏談）という状態だったようです。これに対し、近藤は、武州調布町上石原の農民宮川久次郎の三男から試衛館の当主の養子になった人でしたから、このような門弟たちの心情を心得ており、その人柄もあって、その要望に応える無理のない指導をしていたのではないでしょうか。

『新選組遺聞』では、沖田について、「丈の高い痩せた人物」で「頬骨が高く、口が大きく、色は黒かったけれども、何処かこう、いうに云われぬ愛嬌があった。病気だといっても何時《いつ》も元気で、戯談《じょうだん》ばかり云っている」と風貌を紹介しています。「よく笑談《じょうだん》をいっていて殆んど真面目になっている事はなかったといってもいい位でした」「近所の子守や、私達のような子供を相手に、往来で鬼ごっこをやったり、壬生寺《みぶでら》の境内を馳け廻ったりして遊びました」という八木為三郎氏の回顧談もあって、われわれのなじんでいる沖田総司像は、実像とそれほどかけ離れてはいないようにも思えます。

『新選組始末記』では、池田屋事変で、戦いの半ばで、沖田が持病の肺が悪くなってひどい喀血をして昏倒したことがわかりますが、その後の沖田については『新選組遺聞』に書かれています。病気が進んで鳥羽伏見の戦いには出陣しなかったこと、「江戸へ戻る富士山艦の中でも寝たきりであったが、他の病人達と相変らず戯談口を利いて、笑ってばかりいた」こと、沖田が「笑うと後で咳が出るので閉口するな」といったのを近藤が聞いて、「あんなに死に対して悟り切った奴も珍しい」と、後日自宅で妻のつね女へ話したことがあること、その後、江戸郊外千駄ヶ谷の植木屋の離れ座敷を借り、姉みつや兄林太郎の看病を受けましたが、一八六八（慶応四＝明治元）年六月十二日に二十六歳で亡くなったとしています。

また、同じ年の四月二十五日に近藤が刑死したことについては、兄林太郎が家人や訪問客に固く口止めをした結果、沖田は、これを知らずに、亡くなります。死の前日まで、近藤の消息を気にして、「先生はどうされたのだろう、おたよりは来ませんか」と言っていたと書かれています。

沖田が死病を抱えながら明るく振舞う姿は、血生臭い出来事が続く中で際立った印象を受けます。『新選組始末記』では、隊の規律違反で死を命じられた隊士の多いことに驚かされますが、沖田は、かつての同志たちのこのような死に頻繁に接していたことになります。新選組創設以来の隊の幹部の山南敬助が脱走して切腹を命じられた事件では、沖田が、近藤の命を受けて山南を追跡し連れ戻して、切腹の介錯をしたとされ、沖田が近藤の命を受けて手を下した他の隊士の話も紹介されています。沖田がこのような日常の中でなお明るく振舞い続けたのは、近藤への信頼がいかに揺るぎないものであったかを示すものとも思われますが、このような沖田の明るさと若さに、ある種の痛ましさを感じてしまうのは、平和に生きる現代人の尺度でこの時代をはかることになっているのかもしれません。

著者は、『新選組始末記』の冒頭で「近藤勇という人物には、ちょっと面白いところがあると思った。いい、わるいは別として、本当に憎めたり、本当に泣いてやったりの出来る人間である」と書いています。試衛館道場時代の近藤について、「口の大きい眉の迫まった顔付ではあるが、いつもにこにこしている上に、両頬へ大きな笑窪《えくぼ》があくので、逢った感じは物優しいいいところがあった」という佐藤俊宣氏の談があり、「他流試合の浪人などは、殊に手厚くもてなして帰した。中には無作法なものもやって来たが、いつもにこにこして腹を立てる様子もなかった」としています。

京都での近藤については、『新選組遺聞』には、「近藤は沢山いる新選組の中でもさすがに違っていました」「私共に逢っても、何にかしら言葉をかけて、ニコニコして見せる、無駄口は利かず立派な人でした」という八木為三郎氏の回顧談があります。甲陽鎮撫隊の近藤については、甲州への途中、佐藤彦五郎宅に立ち寄り、集まった五、六十名の門弟に対して「ヤヤ、諸君もお丈夫で結構です。どうぞおからだを大切にして下さい」と江戸にいたころと少しも変わらぬ調子で話したので、門弟たちは、声を上げて泣いたという佐藤俊宣氏の回顧談があります。

しかし近藤には、このように近づきやすさを感じさせると同時に、その厳しさ激しさに底知れないものを感じさせるところもあるように思います。著者は、「近藤は、真正直であり頗《すこぶ》る潔癖家だから、少しでも曲った事をする者はすぐに『斬れ斬れ』という」と書いています。多くの隊士が命を失うことになる「局中法度書」は、近藤が主張して定めたとされていますが、そこには、「一、士道ニ背キ間敷事　一、局ヲ脱スルヲ不許……右条々相背候者切腹申付ベク候也」と定められています。

また、『新選組遺聞』には、「芹澤は乱暴で、割れるような大きな声で隊士を叱りとばしたり、」

「足駄で蹴飛ばしたりしたのを見ましたが、近藤はそんな事をせず、黙っているのに、隊士達はかって、これをこわがっていると、父がいっていました」という八木為三郎氏の回顧談があります。試衛館時代の近藤について「その度胸っ骨の座ったことには、誰も彼も一目おいた」とされていますが、この「度胸っ骨の座ったこと」は、会津藩などの応援兵力の到着が遅れると、わずか五名の隊士で斬り込んだ池田屋事変でも発揮されたように思います。このような近藤の剣については、「決して名人ではなかったが、こせこせとした小業《こわざ》のない、がっしりした手堅い剣法であった」と評されています。

芹澤鴨の暗殺についても近藤の一面を伝える逸話が『新選組遺聞』にあります。八木為三郎氏の父は、八木邸で起こった事件当夜に、近藤の命で土方や沖田らが暗殺を実行したことを察していましたが、芹澤の葬儀では、近藤が、そのようなことは気色にも出さず、隊を代表して堂々と弔辞を読むのを見て感心したようで、「肝高い声でしたが、読み方と云い、態度と云い、実に立派なもので」「ひどく感心して、ほめてい」たと八木為三郎氏が回顧しています。

このほか、著者は、近藤の真面目な人柄をうかがわせるものとして、激務にもかかわらず、毎夜欠かさず約二時間頼山陽の書体を手本に習字を重ねた結果、「江戸を出て行った当時の手紙などはひどく拙《まず》いものであったが、慶応頃になると立派な字を書くようになった」「勇の書風は底力がある」という話が収められており、また、横浜出張で隊から受け取った五十両中使い残り三十八両を即日返金した金銭出納の記録の残っていることを「彼の一種の潔癖が忍ばれて面白いものがある」としています。

流山での降伏から刑死するまでの間の近藤には、厳しさ、激しさは影を潜め、死を覚悟して、物静かに堂々と振舞う姿が描かれています。近藤の降伏を受け入れた東海道総督府副参謀であった有馬純雄氏は、近藤の物腰恰好が少しもあわてた様子がなくさすがに立派なものであったとしており、近藤を護送する駕籠が網張であったのを「近藤は一軍の大将だ、士を遇する道を知らんな」といって、網を除かせ、煙草盆、茶湯を籠に入れ、近藤から「昨夜来の御芳情忝けなく、御情深い御扱を受けて恐入る」という言葉があったと回顧しています。そして、近藤の養子勇五郎の目撃談によれば、近藤は、処刑に立ち会う武士に対し、「ながなが御厄介に相成った」と勇五郎にも聞こえるようなはっきりした声で礼を述べると、もとどりを自分で前の方に持ち上げて、首を切らせたとされます。

近藤勇三十五歳でした。

子母澤寛は、冒頭に「歴史を書くつもりなどはない。ただ新選組に就ての巷説漫談或は史実を、極くこだわらない気持で纏めたに過ぎない」と書いています。けれども、子母澤寛には、彰義隊の一員であった祖父に育てられた生立ちもあって、この本で官軍のみを正義とする明治以来の史観に疑問を呈する気持が幾分かはあったのではないでしょうか。

それは、『新選組始末記』が男爵山川健次郎博士の新選組に関する次のような著述を引用していることからもうかがえます。「守護職の命令により行動したる適法の警察隊なりき。故に当時有志の徒と称する過激派の浪人等は、新撰組の取締を受けてその跋扈を逞しう得ざりしより、新撰組を不倶戴天の仇となせり。維新後此の浪人と同系統の人々政権を握り、新撰組の適法の行為を犯罪となし、その私怨を報ゆるに至れり」「彼等は口に筆に、新撰組を罵りて私設の暴行団体の如く云ひ做せり」「世人も亦往々之に惑はされ、小説に講談に、新撰組を暴行団体の如く信ずるに至る。而して其の冤を解く者なきは予の遺憾とするところなり」というのです。

山川博士は、会津出身、イェール大学で物理学を学び、東京帝大の総長等を務めた教育者ですが、兄浩は会津戦争の指揮官、兄嫁は会津戦争の籠城戦で不発弾処理中に亡くなったとされ、自身は白虎隊に入隊したという生立ちの人です。

山川博士のこの著述に流れる激しい感情は博士ひとりのものではなかったようです。石光真人編著『ある明治人の記録　会津人柴五郎の遺書』（中公新書）では、陸軍大将として功成り名を遂げた会津出身の柴五郎が、昭和十七年になっても、会津戦争とその後の斗南藩での苦しい日々を回想して、次のように書いています。「いくたびか筆とれども、胸塞がり涙さきだちて綴るにたえず、むなしく年を過して齢《よわい》すでに八十路《やそじ》を越えたり」と始めて、「時移りて薩長の狼藉者も、いまは苔むす墓石のもとに眠りてすでに久し。恨みても甲斐なき繰言《くりごと》なれど、ああ、いまは恨むにあらず、怒るにあらず、ただ口惜しきことかぎりなく、心を悟道に託すること能わざるなり」と書き進みます。

子母澤寛が『新選組始末記』を刊行した昭和三年当時は、戊辰戦争から六十年が経ったとはいえ、幕末の動乱から戊辰戦争のころ新政府と対立する側に立った人たちには、自分たちの目にした時代の真実が世間に理解されていないことを憤り、これを正しく語り継いで、死者の名誉を回復したいという強い思いがあったように思います。この作品を支えているのは、このような心情であり、少なくとも作品の書かれた昭和の初めころまでは社会の底流に確実に存在していたもののような気がします。

東京にも旧幕臣などこのような心情を持つ人たちが居たはずです。二〇〇四年には、東京に残る幕末維新にゆかりの場所や記念物などを解説した一坂太郎『幕末歴史散歩　東京篇』（中公新書）のような本も出版されています。しかし、人の出入りが激しく、関東大震災、空襲などで多くの古い町並みが失われ、経済活動の中で日々姿を変えている東京に暮らしていると、幕末の動乱や戊辰戦争の出来事が現代に連続しているという感覚を持つことが難しくなっているように思います。

伏見には、鳥羽伏見の戦いの弾痕が正面の格子に保存されている老舗料亭があって、その料亭が薩摩軍の炊事方を務めたという話を耳にすることがあります。また、その後再建されたようですが、坂本龍馬が伏見奉行所の捕り方に襲われ、お龍さんが活躍した寺田屋の建物では、同じ屋号で旅館が営まれています。こんな伏見で暮らしていると、幕末の動乱の出来事が現在に連続している確かな感覚を持つことができます。伏見の官舎で、『新選組始末記』を読んでいると、作品の輝きが一段と増してくるように感じられました。

（子母澤寛『新選組始末記　新選組三部作』（改版）中公文庫　一九九六年）

カズオ・イシグロ『日の名残り』

「何で電車に乗って遠くの床屋さんへ来るのだろう」

京都伏見の官舎の近くの床屋さんには、京阪電車で通って来るお客さんが何人もいました。普通の床屋さんに見えますが、おじいさんの代から三代百年近くも営業していて、おじいさんの代からのお客さんたちは、転居したくらいでは、お店をかえないというのです。伏見の町には、毛利町、鍋島町、島津町など秀吉の城下町であったころを思わせる古い町名表示が残されています。歴史が身近に息づき、変えるべきでないものは大切に保存する意思の感じられる京都伏見の地で読むと、英国社会の戦後の激変、その中で主人公が感じる喪失感が描かれているカズオ・イシグロ『日の名残り』は、格別の味わいがあるように感じました。また、一般人が近づき難い英国の大邸宅が舞台というのも、一見の人では入り込めない世界がいろいろあると聞く京都の地で読むと独特の現実感があります。

カズオ・イシグロ『日の名残り』(*The Remains of the Day* Faber and Faber) は、一九八九(平成元)年のブッカー賞受賞作です。ブッカー賞は、英国で最も権威があるとされる文学賞です。著者が、日本人を両親として長崎に生まれ、海洋学者の父親と共に英国へ渡って教育を受け、英国に帰化したことから、日本では、例年のブッカー賞受賞作より大きな話題になりました。著者の経歴もさることながら、主人公が執事であり、滅多な人では近づくことができない英国上流階級の暮らす大邸宅が主な舞台になっていることにも興味をひかれて、受賞が報じられてほどなくこの本を入手しました。最高裁調査官の時代でしたが、ゆっくり英語の本に向かうことはできず、一九九〇年に出た土屋政雄訳の『日の名残り』(中央公論社)を一読しました。一九九三(平成五)年、大阪地裁への転勤後に、英書も参照しながらゆっくりと再読することになりました。

作品は、英国の大邸宅ダーリントン・ホールの執事スティーブンスの語りで進行します。スティーブンスは、「偉大な執事は、紳士がスーツを着るように執事職を身にまといます。公衆の面前でそれを脱ぎ捨てるような真似は、」「どんな苦境に陥ったときでも、絶対にいたしません」と語ります。進行役のスティーブンスの語りも、「執事職を身にまと」っているように思えます。これが、作品に本物の執事の語りを聞くような臨場感を与えているように思います。けれども主人公が見たまま、感じたままを語ってはいないところがあるので、作品中の出来事を正確に知るためには、注意深く読み取らなければなりません。

スティーブンスは、一九五六年七月、英国の西部地方へ自動車旅行に出かけます。ダーリントン・ホールの主ファラディの勧めを受け入れたものです。ファラディは、ダーリントン・ホールをダーリントン卿の遺族から買い取ったアメリカ人富豪です。スティーブンスは、ダーリントン卿の下でこの邸宅の執事を務めていましたが、ファラディの強い希望で買収後も引き続き執事を務めています。スティーブンスは、約二十年前に女中頭を結婚退職したミセス・ベン旧姓ミス・ケントンを訪ね復職を打診することが主な目的であると語って、約一週間の自動車旅行へ出発します。

スティーブンスとミス・ケントンとの関係がこの作品の重要な軸になります。ミス・ケントンは、一九二二年春副執事と結婚して退職した女中頭の後任ですが、スティーブンスと、一日の終わりにココアを飲みながら打ち合わせと雑談をするようになります。スティーブンスの語るところによれば、その後、ミス・ケントンが自分の感情をコントロールできない不安定な行動を繰り返すようになって、以前のような安定した職務関係が続かなくなります。そして、ダーリントン・ホールで英国の首相、外相とドイツ大使の秘密会談が開催された夜、ミス・ケントンは、スティーブンスに現在の夫の求婚を受け容れたことを告げて、ダーリントン・ホールを去ります。

ミス・ケントンのこの不安定な行動の原因は、ミス・ケントンがスティーブンスに魅かれて近づこうとするのに、スティーブンスが執事と女中頭の距離感を保とうとして取り澄ました態度をとることへの苛立ちにあることが、読み取れます。スティーブンスは、ミス・ケントンに対して職務上の敬意以外の感情を抱いたことがなく、ミス・ケントンが求婚を受け容れたことも平静に聞いたかのように語ります。

けれども、その夜、旧知のゲストから、「おや、スティーブンス。大丈夫かい?」「気分が悪いんじゃなかろうね?」と気づかわれたり、ミス・ケントンの部屋の前でたたずんでミス・ケントンが中で泣いているのがわかったという記憶を語っていることから、スティーブンスが、本当は大いに心乱されたことが読み取れるように思います。また、ミス・ケントンがコーンウォールに去った後、その地の写真入りの本をじっと眺めいって、ミス・ケントンがこういう場所で結婚生活を送っているのかと多少の感慨に浸ったとも語っているのです。

スティーブンスは、ミス・ケントンから来た手紙から、その結婚生活の破綻と復職への願いを読み取って旅行を決心したと語りますが、再会が近づいて手紙を読み返すと、復帰の希望がはっきりとは書かれていないことに気づいたと語って、手紙を読み誤らせるような感情をミス・ケントンに抱いていたらしいことも明らかになってきます。

再会の日、スティーブンスは、ミス・ケントンが「たいへん美しく老いたように見えました」と語り、ミス・ケントンを美しく魅力的な女性と感じていたことが明らかになります。ミス・ケントンと楽しくダーリントン・ホール時代の話をしますが、安定した家庭生活を送っている様子に復職希望の打診はしません。それでも、バス停での別れ際、意を決して、結婚生活が幸せなのかと遠回しに尋ねます。

ミス・ケントンは、結婚後、「長い間、私は不幸でした」「そしてある日、私は夫を愛していることに気づきました」「でも、そうは言っても、ときにみじめになる瞬間がないわけではありません」「もしかしたら実現していたかもしれない別の人生を、よりよい人生を――たとえば、ミスター・スティーブンス、あなたといっしょの人生を――考えたりするのですわ。そんなときです」と答えます。スティーブンスは語ります。「いまさら隠す必要はありますまい。その瞬間、私の心は張り裂けんばかりに痛んでおりました」

スティーブンスは、ミス・ケントンと別れの言葉を交わし、ミス・ケントンは、バスに乗って去っていきます。

こうしてみると、スティーブンスもまたミス・ケントンに魅かれていたことが読み取れます。スティーブンスの語るようにミス・ケントンの気持ちに気づいていなかったのかについては疑問があります。けれども、ミス・ケントンの前任女中頭と副執事の結婚による両名の退職について、「指導的な立場にある雇人の間でそのようなことが起こると、お屋敷の運営に甚大な影響を及ぼしかねません」と語るスティーブンスの執事としての職業意識が、結局、二人の関係の進展を妨げたことが読み取れるように思います。


スティーブンスは、ミス・ケントンに復職を打診することを考えたのは、最近、自分の職務に「些細な過ち」が見出されるようになり、その原因が、人員削減で執事の自分が仕事を抱えこみ過ぎたことにあると思い当たったからだと語ります。けれども、読み進むにつれて、スティーブンスの「些細な過ち」の原因は、その老いからくる衰えであることがわかってきます。

その伏線になるのが、スティーブンスの父のエピソードです。父は、一九二二年春女中頭と結婚して退職した副執事の後任になります。執事としての名声を得ていたものの、雇い主の死亡と七十代という年齢からスティーブンスの下で働くことになったのです。ところが、掃除道具を人目につく場所に置き忘れたり、磨いたはずの銀のフォークが汚れていたりなど失策が続きます。そして、庭のあずまやで談笑する卿とゲストへ茶菓を運んでいるときに石段で転倒する大失策を起こします。

ダーリントン・ホールでは重要な国際会議を控えており、卿は、遠慮がちに「過ち自体は些細なものかもしれないがな、スティーブンス、その意味するところの重大さにはもう気づかねばなるまい。お父上に全幅の信頼を置ける日は、もう過ぎ去りつつあるのだ」と言い渡します。スティーブンスは、父に食卓の給仕を禁止することを伝えますが、父は、転倒は石段が傾斜しているせいだと言い張ります。

その日の夕方、地面に目を据えて石段を何度も往復する父の姿があります。ミス・ケントンは、「まるで落とした宝石でも捜しているかのように」と表現します。それからまもなく、父は、国際会議開催中に七十二歳で亡くなります。最後を看取ったのはミス・ケントンでした。

スティーブンスは、自分の些細な過ちとして、銀器のフォークの磨きが不十分で、ファラディがこれに気づいたらしいことを語りますが、父と同じ失策です。この旅行では、自動車のラジエーターの水を不足させたり、ガス欠で立ち往生するなど「組織的な思考と先を読む能力こそ執事の基本的要件である」と語るスティーブンスからすれば、「挫折感を免れることができ」ない失策を続けます。この旅行の中、父が「まるで落とした宝石でも捜しているかのように」石段を往復する姿が、スティーブンスの記憶によみがえっていますが、この父の姿に自分を重ねていたのかもしれません。

こうしてみると、「過ち自体は些細なもの」かもしれませんが、スティーブンスが「その意味するところの重大さに」気づいていなかったのだろうかという疑問が生じます。

スティーブンスは旅行の最終日にウェイマスの桟橋で、邸宅で執事の下で雇人をしていたという男と言葉を交わすようになりますが、その会話の中でこの疑問に答えます。「どうあがいても、私のサービスは昔の水準に遠く及びません」「いまのところは、幸いなことにごく些細な過ちですんでおりますが、昔の私には考えられなかったことでございます。それが何を意味しているかも、私にはわかっております」

そうすると、スティーブンスが旅行先でミス・ケントンに会うことを伝えると、ファラディが「おいおい、スティーブンス。ガールフレンドに会いにいきたい？ その年でかい？」とからかった言葉は、意外にことの真相に迫っていたのかもしれません。

この作品の重要な登場人物は、スティーブンスが長年仕えたダーリントン卿です。スティーブンスは、世界で最も重要な決定は、国際会議ではなく、「この国の大きなお屋敷の密室の静けさの中で決まる」のであり、この世界が「偉大なお屋敷を中心に回転している車輪」であって、この車輪の中心近くにいる偉大な紳士に仕えて、よりよい世界の創造に微力を尽くすことが執事の理想であると語ります。ダーリントン卿が車輪の中心近くに居る「高徳の紳士」であるとして、その活動を執事として全身全霊で支えることに、誇りと生きがいを感じます。

そんなスティーブンスですが、旅行中、退役軍人の邸宅で働く運転手にダーリントン・ホールの執事であると明かしますが、ダーリントン卿に仕えたことはないかのような言い方をした自分に驚きます。ダーリントン・ホールを訪れたファラディの友人のアメリカ人夫妻に対しても、自分がダーリントン卿には仕えていないかのように振る舞ったことを思い出します。

スティーブンスは「卿についてのでたらめをもうこれ以上聞きたくないという思いが、私にああした行動をとらせたとは考えられないでしょうか」と語ります。ダーリントン卿に対する世間の非難は、卿がドイツと友好的な関係をもったことに向けられたらしいことは、スティーブンスの語りから次第に明らかになってきます。

スティーブンスは、執事らしく、主人ダーリントン卿を弁護します。そして、第一次大戦で敗戦したドイツがベルサイユ条約で過酷に扱われていることに心を痛める卿の姿を語りますが、このようなスティーブンスの語りは、卿に対する非難が英国とドイツの関係悪化がもたらした偏ったものであるかのような印象を与えます。

けれども、ダーリントン卿がユダヤ人の女中を解雇したり、議会政治は母親の会が戦争の指揮をとるようなものだという意見に賛同したとして、「ダーリントン卿のお言葉を思い出しておりますと、卿のお考えの多くは、今日、奇異な感じを――ときには醜悪な感じすら――聞く人に抱かせるかもしれないという気がいたします」と語るのを知ると、卿が、ドイツとの関係で、一線を踏み越えてしまったのかもしれないという印象をもつようになります。そして、スティーブンスの語りの中には、今日、「卿の行動の動機について、愚にもつかない臆測がしきりに――あまりにもしきりに――飛び交って」いるとして、卿の行動そのものに対する世間の非難についてはスティーブンスも暗に肯定している箇所のあることに気づきます。

この印象を決定的にするのが、ミス・ケントンが求婚の受諾をスティーブンスに告げた夜の出来事です。スティーブンスは、当日ダーリントン・ホールを訪れたダーリントン卿の親友の子であるコラムニストから、その夜、ナチス政権のリッベントロップ大使と英国首相、外相が、秘かに、英国王のドイツ訪問を協議しており、卿が訪問実現に尽力していることを知ります。

コラムニストが「われわれの新しい国王が昔からナチを賛美しているのは、とくに秘密というほどのことじゃない」と語っているので、国王は、ヒトラー政権への親和的な姿勢で知られたエドワード八世であり、その在位が一九三六年一月からシンプソン夫人との結婚のため退位した十二月までの間ですから、この日が一九三六年に設定されていることがわかります。

コラムニストは、ダーリントン卿が、敗れた敵に寛大に振舞う英国紳士としての本能からドイツへの融和的な姿勢を始めましたが、最近三、四年はナチス政権に利用されて、自分でも気がつかないうちに有用なナチ政権の駒として操られ深みにはまって、崖から転げ落ちようとしているという懸念を語ります。

この懸念は、不幸にして当たってしまいます。スティーブンスは、再会したミス・ケントンの問に答えて、ダーリントン卿が、戦時中卿についておぞましい記事を掲載した新聞社に対して、戦後裁判を起こして敗訴し、名誉が永遠に汚されたこと、その後は、廃人も同然となって、ダーリントン・ホールも死んだように静かになったと語ります。

スティーブンスは旅行の最終日のウェイマスの桟橋で、執事の下で雇人をしていたという男と言葉を交わしながら涙を流しますが、その際、次のように語ります。「ダーリントン卿は、悪い方ではありませんでした」「それに、お亡くなりになる間際には、ご自分が過ちをおかしたと、少なくともそう言うことがおできになりました。卿は勇気のある方でした。人生で一つの道を選ばれました」。しかし、私は、「選ばずに信じたのです」。「自分の意思で過ちをおかしたとさえ言えません。そんな私のどこに品格などがございましょうか？」

スティーブンスの涙の理由は、自分の生涯が、世界の車輪の中心近くにいる偉大な紳士に仕え、よりよい世界の創造に微力を尽くすという理想とはほど遠い結果に終わったばかりでなく、主人をひたすら信じて仕えた自分の生き方が本当に正しいものであったとは思えなくなってきた上、このような生き方から、ミス・ケントンを失い、老いによる衰えにも脅かされるようになって、自分の最良の日々が過ぎ去ったという喪失感を抱いたことにあるように思います。

このような感慨を見ず知らずの他人に語っている自分の姿に孤独を一層強く感じたのかもしれません。スティーブンスの話を聴いていた男は、スティーブンスにハンカチを貸して「後ろばかり向いているから、気が滅入るんだよ」「夕方が一日でいちばんいい時間なんだ」と語ってその場を立ち去ります。その場に残ったスティーブンスの前で、桟橋のあかりがついて、その瞬間、多くの人が声をあげます。

スティーブンスが、明日ダーリントン・ホールに戻ったなら、決意を新たにジョークの練習に打ち込んでファラディを驚かそうと考えるところでこの作品は終わります。

この作品は、執事という特殊な職業人を主人公として、英国エリートの大邸宅を舞台にするという一見世間離れした設定ですが、戦前と終戦直後の英国社会の実像を現実感をもって描くことに成功しているように思います。

この作品には、スティーブンスが、ダーリントン卿以外にも大勢の貴族や有力者がリッベントロップ大使を招待してドイツと融和的だったものの、戦後は皆口をつぐんでこれを隠しているという憤りを控えめに語る場面があります。一九三〇年代の英国では、実際に、ヒトラー政権との融和を唱える貴族、有力者が少なくなかったようです。

チャーチルの戦時の秘書官ジョン・コルヴィルの『ダウニング街日記』（都築忠七ほか訳　平凡社）の日本語版のため、コルヴィルの同僚であったサー・ジョン・ペックが序文をつけて、一九三〇年代の英国の政治情勢を解説しています。そこでは、「島国的、孤立主義的、絶対平和主義的な保守党執行部の態度は、過半数の貴族の意見を反映していた（貴族の一部は、旧ドイツ貴族と友好もしくは縁故の関係から、伝統的な結びつきを維持しており、ヒトラーの宣伝機関は、巧妙にこれを利用した）」と書かれています。『日の名残り』の描くダーリントン卿は、このような当時の典型的な英国貴族のひとりであり、存在感のある人物造形ということができると思います。

そして、ダーリントン卿が最終的に名誉を失ったのが裁判に敗訴したことだというのもなかなかリアリティのある話です。

スティーブンスがミス・ケントンに対して、卿が裁判を起こしたことについて「いまから思えば、危険きわまりないことでした。時期が時期でしたし、世間の雰囲気もあんなでしたしね」と語る場面があります。卿が起こした裁判は、名誉棄損による損害賠償請求訴訟と思われます。この訴訟は、英国の民事裁判制度の中で、市民から選ばれた陪審員が訴訟の勝ち負けを決める陪審制が残されている数少ない訴訟なのです。

そうすると、スティーブンスが、ここで言わんとしているのは、陪審員が当時の世間の雰囲気に影響されて、ダーリントン卿に不利な評決をしたということだと思います。英国では、現代でも、新聞に名誉が侵害する記事が掲載されると、これを裁判で争わない限り、新聞の記事を本人が認めたように受け止める風潮があるようです。ところが、名誉棄損訴訟は、陪審制のため審理期間が長くなって弁護士費用が多額になり、敗訴した場合には、相手方の弁護士費用まで負担することになるため、経済的負担は大変なものになります。

そこで、多くの新聞社は、名誉棄損訴訟に備えて、記事を事前に検討する法律家を社内に配置しています。留学時代、新聞社に勤める法廷弁護士を訪ねたとき、彼が机の上の白い電話を指さして「あの電話で輪転機を止めることができる」と少し自慢げに言っていたことを思い出しました。そして、名誉棄損訴訟に敗訴して弁護士費用で破産した有名人の記事を目にした記憶もあります。もっとも、ダーリントン卿は、資産家であり、敗訴で経済的に行き詰まることはなかったのだと思いますが。

この作品では、ダーリントン卿は、敗れた敵に寛大に振舞う英国紳士としての本能からドイツとの友好を説くようになったとしていますが、ヒトラー政権のドイツに融和的であった英国の有力者の多くは、英国がドイツと死力を尽くして戦うことで、国力が衰え、世界をリードする大国の地位を失うことを恐れて、ドイツとの間の交渉による妥協を求めたとされます。そして、英国は戦勝国になりますが、戦後大国の地位を失うことになります。

この作品の描くダーリントン・ホールの変貌は、英国の戦前、戦後の国際政治における地位の変化を象徴するものといえそうです。戦前のダーリントン・ホールは、当主ダーリントン卿が、英国の支配階級にネットワークのあるエリートであり、著名な作家、政治家など有名人を頻繁に迎え、重要な国際会議や外交交渉が開かれています。スティーブンスのいう世界を動かす「車輪の中心」となっていました。

スティーブンスは、執事として十七名の使用人を指揮して邸宅を運営し、これらの接客、晩餐会など華やかな社交行事を取り仕切っていました。これに対し、戦後のダーリントン・ホールは、アメリカ人が当主となって、訪れる来客も稀で、単なる豪華な住まいに変貌し、使用人もスティーブンスを含めて四名に減っています。

この作品では、戦後、英国の大邸宅の主人たちが、多くの雇人を解雇し、執事を連れて他の邸宅を訪問する習慣も失われて、邸宅の処分を試みていることが語られます。ダーリントン・ホールがアメリカ人の所有になったと聞いて、今どき、あれだけの邸宅を維持できるのはアメリカ人くらいだろうと語られる場面もあります。

ファラディはスティーブンスに「これは本物の由緒あるイギリスの大邸宅なんだろう？　ぼくはそれに対して金を払ったんだ。それに、君は昔ながらの本物の執事なんだろう？」「ぼくは本物が欲しかったんだ」と語る場面があります。

スティーブンスにすれば、戦後のダーリントン・ホールは、戦前の輝かしい時代の「名残り」であって、これを「本物」として金を払ったと口に出すファラディの姿は、英国人の考えるアメリカ人の成金趣味をユーモラスに風刺しているようにも思えます。英国は、戦後、自国の利益を守るためには、こんなアメリカ気質と折り合うことを余儀なくされるようになったのです。

作品の舞台となった一九五六年が、スエズ動乱が起こり、英国が中東における大国としての影響力を決定的に失った年であることも象徴的な感じがします。また、二十世紀の英国の歴史を描いたピーター・クラーク『ホープ　アンド　グローリー　ブリテン　一九〇〇―一九九〇』（Peter Clarke *Hope and Glory: Britain 1900–1990* Penguin Books）は、一九五五年から六三年の章を、英国人がアメリカの大衆文化とも特別な関係（special relationship）をもったことから説き起こしています。

スティーブンスが旅行した一九五〇年代半ばの英国は、アメリカと今までにない形で深いかかわりをもち始めたことを忘れるわけにはいかないように思います。スティーブンスは、アメリカ人ファラディの悪意はないがストレートで雇人を時に困惑させる接し方や男女関係をあけすけに語るジョークに戸惑います。英国人は、第二次大戦中多くのアメリカ軍人を迎え、アメリカ人の言動に戸惑ったようですが、特に、アメリカ人男性の女性に対する態度は、多くの英国人を戸惑わせたようです。連合国の将軍たち、とりわけ、米軍と英軍の将軍たちの間の葛藤や対立を生々しく描いた、デイヴィッド・アーヴィング『将軍たちの戦い』（赤羽龍夫訳　早川書房）には、英軍将校は、「米軍司令官の女好きには面喰らっていた。『われわれにはアメリカ人ほど男性らしさを証明する原始的必要性はなかった』と一英軍将校がいった」と書かれています。

このようにスティーブンスは、ダーリントン・ホールで日々アメリカ人と接するようになりましたが、旅先では、偉大な執事とは何かについて繰り返し思いを巡らせます。この問題は、英国国土の美しさ、偉大さと「たいへん深いかかわりがあります」と語るように、偉大な執事とは何かを考えることは、英国らしさとは何かを考えることにもなっているように思います。そして、スティーブンスは、「品格（dignity）」がその必須の条件であるという結論に達します。

スティーブンスは、父から聞いた「品格」ある執事の話を紹介します。その執事は、雇主に従ってインドへ渡り、現地の雇人を指揮して英国と変わらない水準のサービスを提供していましたが、ある日の午後食堂へ入ると食卓の下に虎が寝そべっているのを見つけます。執事は、そっと食堂を出ると、主人が数人の客をもてなしている居間に行って、咳払いで主人の注意を引くと「お騒がせしてまことに申し訳ございませんが、ご主人様、食堂に虎が一頭迷いこんだようでございます。十二番径の使用をご許可願えましょうか」と耳打ちします。数分後、主人と客の耳に三発の銃声が聞こえます。お茶を注ぎ足しに現れた執事に、主人が「不都合はないか」と尋ねると、執事は、「なんの支障もございません」「夕食はいつもの時刻でございます」と答えたというのです。

スティーブンスは、「品格」の有無を決定するのは、「みずからの職業的あり方を貫き、それに堪える能力」であるとして、「偉大な執事が偉大であるゆえんは、みずからの職業的あり方に常住し、最後の最後までそこに踏みとどまれることでしょう。外部の出来事には——それがどれほど意外でも、恐ろしくても、腹立たしくても——動じません」と語っています。スティーブンスの語るこの「偉大な執事」となる条件は、執事のみならず、英国人が考える優れたプロフェッショナルの条件であるように思います。

英国留学中に、ロンドンで民事事件を扱う裁判所である高等法院の幹部職員の人と親しくなりました。英国人に珍しいラテン系の風貌でした。ご夫妻で夕食へ招待して、お話をうかがううちに、地中海の英国領マルタ島（現在はマルタ共和国）で生まれ、大戦中は南アフリカで空軍の訓練を受け、戦後英軍が介入したギリシャ内戦で実戦を経験したという話をうかがいました。

ある日、「英国のシステムでは、裁判官は、司法行政にはノータッチですから、裁判所で働くスタッフの人事管理には関心を示しません。でも、ジャッジ大竹は、スタッフの人事管理についても、いろいろ質問して興味があるようなので、スタッフの勤務評定のフォームをお見せしましょう」と言って、そのフォームを見せてくれました。そこには、さまざまな評価項目が並んでいました。

「たくさんの評価項目がありますが、人事評価では、どの項目が一番大切だとお考えでしょうか」

「もちろん、〈アビリティ・アンダー・プレッシャー（ability under pressure）〉の評価項目です」

「どういう能力を評価する項目なのでしょうか」

「予想外の困難な事態に直面しても（under pressure）、自分を失うことなく、プロらしく、冷静に対処する能力（ability）です」

食堂で虎を見つけた執事は、アビリティ・アンダー・プレッシャー（ability under pressure）の評価項目では最高評価が与えられたはずです。

このように英国人の求めるプロフェッショナルの理想像に思いを巡らしていたスティーブンスですが、この作品の最後、ウェイマスの桟橋で涙を流した後、気を取り直して、ジョークの練習に打ち込み、アメリカ人の主人ファラデイを驚かそうと考えます。アメリカ人の好みに合わせつつ、なお英国の執事として高い水準のサービスを提供しようとするスティーブンスの決意は、大戦後、英国が新しい世界の中で生きていくためにした決意の象徴という読み方もできるのではないでしょうか。

（カズオ・イシグロ『日の名残り』土屋政雄訳　中央公論社　一九九〇年）

須賀敦子『コルシア書店の仲間たち』

一九九五（平成七）年四月、大阪地裁の労使紛争を専門に扱う部署に新人の裁判官を迎えました。大学時代は水泳部のスポーツマンでなかなかの読書家、トルコに興味をもって学生時代に何度も旅行していました。そんな彼とトルコ建国の父ケマル・アタチュルクの話をするうちに、ケマル・アタチュルクが飲酒を原因とする肝臓の病気で亡くなったという彼の説明が、記憶と違うような気がしましたが、彼は譲りません。帰宅後、ブノア・メシャン『灰色の狼ムスタファ・ケマル　新生トルコの誕生』（牟田口義郎訳　筑摩書房）を探し出して読み返すと、私の記憶違いでした。翌日、彼を裁判所近くの少し豪華な感じのするお店へ連れて行って、評判のランチをごちそうしましたが、こんな若い同僚を迎えたことがうれしくてなりませんでした。

彼が職場になじんできたころ、読書中の本を尋ねました。

「マンゾーニの『いいなづけ』です。良い翻訳がでたので」

「イタリアでは、ダンテの『神曲』と並んで、中学校でも高校でも、端から端まで読まされるという本でしょう」

「大竹さん、読みました」

「いえ、今読んでいる『コルシア書店の仲間たち』に『いいなづけ』のことが出てきます」

須賀敦子『コルシア書店の仲間たち』（文藝春秋）は、イタリアのミラノ市にあるコルシア・デイ・セルヴィ書店を舞台に人びととの出会いを回想する作品です。静けさのなかに余韻の感じられる美しい文章で、ひとりひとりが陰影深く描かれています。はっとするほど辛口な著者の思いが光ることもあって、何度も読み返したくなる作品です。

読者にいろいろな楽しみを与えてくれますが、私は著者のいう「ヨーロッパ社会の厚みがひしひしと感じられる」ところに特にひかれます。英国貴族の子弟の学業終了時の外国旅行であるグランドツアーがイタリア旅行を中心としたように、英国人の中には、自国をヨーロッパの文化的辺境と感じて、ローマを中心とするヨーロッパ文明の本流に憧れる心情がどこかあるように留学時代に感じていました。この作品を読むと、英国人がそんな心情を抱くことも理解できるような気がしてきます。

著者の描くミラノとその地の人びとは、豊かな色彩にあふれ、ときに、ルキーノ・ヴィスコンティ監督の映画の一場面を観ているように感じることがあります。もっとも著者は、書店の常連客の娘さんの結婚式の写真について「豪奢なレースの衣裳をまとった、うつくしい花嫁の写真は、ヴィスコンティの映画の場面そのままに、完璧で空虚だった」と書いていますので（「入口のそばの椅子」）、こんな感想を抱かせることは著者の本意ではないかもしれません。

著者は、「ヨーロッパ社会の厚みがひしひしと感じられる」エピソードとして、書店を訪れたマリーナ・V侯爵夫人に昼食へ招待された話を紹介します（「街」）。ビッフィ・スカーラというしゃれたレストランで、日本の話を聴きたいというのです。著者は、社交界のスターでもあるV侯爵夫人の一族の年に一度の会食に参加することになります。「街ではあまり見かけないような英国風の紳士たち、それぞれの夫人と思われる、香水のかおりをふりまく貴女たち。そして、無頓着としか思えない身なりの、小鳥のようにおしゃべりな少女たち」と同席します。「女性たちのシックで野蛮なテーブル・マナー。それを愉しげに眺める鷹揚な男たち。ビッフィ・スカーラなら、V侯爵家ほどの人たちなら、世間では許容されないことも公然とゆるされ、まかりとおっていることを目のあたりにして、大げさにいえば、ヨーロッパの社会の厚み、といったものを私はひしひしと感じた。それはまた」「財力はあるが歴史の浅い、ブルジョワジーの人々とは、ひとあじ、異なった世界でもあった」と書いています。

作品の舞台となるコルシア・デイ・セルヴィ書店では、カトリック左派と呼ばれる活動がされていました（「銀の夜」）。著者は、カトリック左派の活動が、「フランス革命以来、あらゆる社会制度の進展に背をむけて、かたくなに精神主義にとじこもろうとしたカトリック教会を、もういちど現代社会、あるいは現世にくみいれようとする運動」であるとします。フランスがその中心であり、第二次大戦中の抵抗運動の経験をもとに説かれた革命的共同体の思想が、一九五〇年代のパリ大学を中心にカトリック学生の間に熱病のように広まったものと書かれています。

大戦後、イタリアで、詩人としても有名なダヴィデ・マリア・トゥロルド神父が親友のカミッロといっしょに書店を拠点に活動を始めます。著者は、この活動をフランスのカトリック左派の活動のイタリア版であり、「せまいキリスト教の殻にとじこもらないで、人間のことばを話す『場』をつくろうというのが」「書店をはじめた人たちの理念」であり、常に頭の中で共同体が考えられていたとします。書店は、ミラノの都心にあるサン・カルロ教会の軒先を借りて開かれ、書店のあった街路の旧名が、イタリア人ならだれでも知っているマンゾーニの『いいなずけ』の中で「コルシア・デイ・セルヴィとよばれる通り」と書かれていることから、「コルシア・デイ・セルヴィ」書店とされます。トゥロルド神父は、書店の活動の中に生活が成り立たない人の相談に乗る「愛のミサ」というボランティア活動を取り入れ、裕福なブルジョアの女性たちがこの活動に参加します。このような書店の活動は、カトリック教会当局を次第にいらだたせることになります。

フランスに留学した経験もある著者は、イタリアでのこの運動に強い関心をもちます。「純粋を重んじて頭脳的なつめたさをまぬがれない、フランスのカトリック左派にくらべて、ずっと人間的にみえて、私はつよくひかれ」、今度はイタリアへ留学し、一九五八年書店の指導者のトゥロルド神父と会って、コルシア・デイ・セルヴィ書店の活動に深くかかわるようになります。著者は、ミラノへ行った一年半後書店を取り仕切っていたペッピーノと結婚します。こうして、「私のミラノには、まず、書店があって、それから街があった」という生活を送るようになります（「街」）。

書店のパトロンになったのが、ミラノに住む裕福な人たちであったのは、カトリック「左派」という呼び方からすると、意外な感じがします。ツィア・テレーサもその一人です（「入口のそばの椅子」）。ミラノの名家の一員で古稀を超え、世界的に著名な企業の大株主の資産家です。そんな彼女が、くるぶしまで届くような長い裾の未亡人の着るような黒っぽい服を着て、うやうやしく荷物を持つ運転手を従えて、活動家や学生やインテリがたむろしている書店に入って来る様子はどう見ても不釣合いだと著者は感じます。

彼女に対するトゥロルド神父や書店の仲間や友人たちの態度が、まるで中世の騎士たちが忠節を誓った貴婦人にかしずくようなところがあり、彼女が店に入るとたちまちだれかがどこからか椅子を持ってきて入口のそばに置き彼女が座ります。彼女が、椅子に座ったまま、書名をいうか、こういう人にあげたいのだけれど、なにかいい本をみつくろってちょうだいと言うと、たちまち本が現れます。著者は、彼女が書店の仲間たちの政治的な言論に全く興味をもっておらず、ただ、「トゥロルド神父の説く、大ざっぱな人類愛を、じぶんの支えにしているだけなのだった」ことがわかってきます。彼女は、ペッピーノと著者の結婚を喜び、いろいろなお祝いの品を贈りますが、著者は、「彼女の透明な善意は、いつも受ける人間のこころをゆたかにしてくれた。彼女の贈物にかこまれて、私は単純によろこんでいた」と語ります。贈り物に「透明な善意」をこめられるところに彼女の生まれと育ちが感じられます。

コルシア・デイ・セルヴィ書店を囲む友人たちの中には、いわゆる「サロン」のようなかたちで、常連を晩餐に招待して、食後の会話をたのしむ場を提供してくれる人たちがいました。そして、「招いてくれる人たちは」「いろいろな意味での特権階級に属する人種だった」ようです。その中に、フェデリーチ夫人がいます（「夜の会話」）。夫人は、書店のパトロンの六十を過ぎた未亡人で、子がなく、著者の夫ペッピーノを息子のようにかわいがります。

晩餐に招待された著者は、夫人が伯母である侯爵夫人から受け継いだままの古めかしい装飾の客間に入ります。夫人の席のすぐ横の清朝の壺に挿した鉄細工の大ぶりな枝に花のように灯したいくつかの小さな電球が、客間の広々とした空間を照らす唯一の照明です。夫人と客たちはおたがいの顔がようやく見えるほどの明るさの中で、時がたつのを忘れて静かに話します。「書店で会ったかぎりでは、地味な服装の、品のよい、一見平凡な常連客のひとりにすぎなかったフェデリーチ夫人が、こういった集まりでは、驚異的な読書量と、柔軟な知性を駆使した会話で、たくみに話題を方向づけていく」のに目を見張ります。

出版界の近況、若いころミュンヘンの大学で哲学の博士号をとった夫人の得意なドイツ文学など、客の顔ぶれによって話題が変わります。ミラノの古い家柄の人たちの噂ばなしが話題の中心になることもあり、夫人の幼な友達であった映画監督ルキーノ・ヴィスコンティの名もしばしば出たとします。著者は、このような機会を重ねるうちに、「せまいミラノの上流社会では、みな、若いころからの友人知人なのだとわか」ります。夫人の客間の光景からは、淡い光の中でされた宮廷での語らいが貴族の邸宅を経て裕福な市民の間へ広まっていったというヨーロッパのサロン的な伝統を目の当たりにするような気がします。

疑問に思うのは、ミラノの名家の人たちが、なぜ、カトリック「左派」であり、カトリック教会当局をいらだたせる活動をしている書店のパトロンになっているのかということです。クリスチャンでない日本人には解答を見つけるのは容易ではありませんし、著者も直接の解答は用意していません。けれども、ツィア・テレーサが書店の仲間たちの政治的な言論に全く興味をもっておらず、ただ、「トゥロルド神父の説く、大ざっぱな人類愛を、じぶんの支えにしているだけなのだった」

ことがわかってきたと語られることがヒントになるような気がします。

パトロンとなる人たちにとっては、この書店が、著名な神父によって創設され、教会の軒先を借りて店舗とし、カトリックの信仰に基づく奉仕活動をしていることさえあれば、援助をする理由としては十分であって、カトリック教会当局と書店の運営者との間に政治的な意見の相違のあることは重要ではないと考えられているのではないでしょうか。そして、著者がイタリアの社会に深く受け入れられて、「ヨーロッパ社会の厚み」を実感する経験を重ねることができたのは、ペッピーノのような周囲の信頼の厚い伴侶を得たことばかりでなく、自らの信仰に基づき書店の活動に参加してその身内のメンバーになったこともその理由であるように思います。

また、この書店を創設したのが反ファシズムの抵抗運動のメンバーであったことと一九五〇年代という時代の空気も重要なのではないでしょうか。書店の創立時のメンバーは、トゥロルド神父をはじめ、すべて大戦中抵抗運動で活躍した人たちでした。著者によれば、大戦中の抵抗運動の経験をもとに説いた革命的共同体の思想が、フランスのカトリック左派に強く影響しているとされます。アルベール・シャンボン『仏レジスタンスの真実　神話・伝説・タブーの終わり』（福元啓二郎訳河出書房新社）を読むと、フランスの抵抗運動にも、多数の聖職者が参加し命を落とした人も少なくないことがわかります。

トゥロルド神父は、高等学校の教授である抵抗運動時代以来の友人と夕食に出かけると、肩を組み目をつむってパルチザンの歌を歌い、「あのころはすごかった」と抵抗運動を懐かしがったと語ります（「銀の夜」）。この場面からは、ジュリアン・デュヴィヴィエ監督の映画「陽気なドン・カミロ」を思い出します。北イタリアの村で、現在は対立することの多い司祭のドン・カミロと共産党員の村長が、実は大戦中のレジスタンスの同志で、心の底では互いに信頼と尊敬をもっているというストーリーだったと記憶しています。

これに対して、著者の夫ペッピーノがあんな残忍な殺し合いの日々がどうして、と笑って反論する場面も語られます。ペッピーノの言葉からは、『仏レジスタンスの真実』に、フランスのレジスタンスのした正規の裁判手続なしの略式処刑数が七千件を超えたと書かれていたことや、パルチザンに逮捕処刑されたムッソリーニと連れの女性のミラノ市の広場の映像が思い浮かびました。

フランスやイタリアで戦争中に抵抗運動に参加したことが戦後の社会でどのように受け止められているのかは、想像するしかありません。『仏レジスタンスの真実』が「われわれの義務は赦すことではなく、われわれの義務は忘れないことである」と結ばれ、「訳者あとがき」で、「フランス文部省は、本書を高校最終学年の推薦図書に指定しています」とされていることからすると、現在でも、抵抗運動へ参加した経歴は、社会の尊敬を集めるものではないかと想像します。

この作品でも、フェデリーチ夫人の言葉が記されています。「爆撃で瓦礫の山になったミラノの都心をダヴィデとカミッロがふたりそろってさっそうと歩いていたころは、みながふりかえって見たものよ。暗い時代をくぐりぬけて、やっと明るい火がともったようだった」

著者は、「神を信じるものも、信じないものも、みないっしょに戦った／フランスの抵抗運動のそんなが、戦後の風景のなかで遠い焚火のようにかがやいていたころのはなしである」と語ります。

一九四五年四月二十五日、ファシスト政権とそれに続くドイツ軍による圧政から解放されたとされる日にこみあげる歓喜を、都会の夕立に託したというトゥロルド神父の詩が、「そのために身を賭してたたかった世代の男女と、彼らにつづく『おくれてきた』青年たちを、酔わせ、ゆり動かしていたのが、一九五〇年代の前半という時代だった。そのなかで、コルシア・デイ・セルヴィ書店は、そんな人たちの小さな灯台、ひとつの奇跡だったかもしれない」と書いています。このような時代の香りの中で、コルシア・デイ・セルヴィ書店は、教会当局とのあつれきにもかかわらず、ミラノ市民の尊敬を集め、ミラノの名家の人たちをそのパトロンに得たのではないでしょうか。

この作品は、書店のパトロンになるようなミラノの特権階級の人たちばかりを描くわけではありません。書店の使い走りをしていたエリトリア出身の無国籍者が突如失踪する話（「大通りの夢芝居」）、書店で行われるボランティアの社会活動「愛のミサ」の世話を受ける「ドジなドロボウ」（「不運」）のエピソードなどを通して、イタリア社会の貧困や宗主国と旧植民地の人たちの問題を鮮やかに描いています。

そのようなエピソードの中でも、ガブリエーレの生立ちは印象的です（「女ともだち」）。ガブリエーレは、トゥロルド神父の知人で書店に出入りするフリーのジャーナリストとされていますが、著者は「彼のお母さんは、未婚の母だった。未婚の母というと、聞こえがいいけれど、なにかの理由で村の中に住めない人だったにちがいない」と語ります。母子は、人里離れた森の小屋で暮らします。その地方では、地面に落ちたクリは誰でも拾って食べられるというのが中世以来のおきてであり、ガブリエーレは、秋が来るのを待ちかねて、木綿の袋を持ち歩き、クリの実を拾って、持ち帰ります。お母さんは、カスタニャッチャというずっしり重くて甘みのあるパンを作って、貧乏人のパンだよと言って、一切れずつ子どもたちにわけたというのです。これらの話も「ヨーロッパ社会の厚み」に立体感を与えます。

コルシア・デイ・セルヴィ書店は、一九六〇年代末の学生たちの反乱の中で思いがけなく終焉を迎えます。

トゥロルド神父が全国的な名声を得て書店を離れ、創始者のカミッロもミラノを去って、著者の夫ペッピーノ、裕福な「ブルジョワ階級の出」で大学卒業後書店で長年働いているルチア、出版部門を担当するガッティを中心に書店は運営されます。ところが、一九六七年六月ペッピーノが亡くなり（「家族」）、ガッティも父親に娘が生まれて、書店の仕事から離れます（「小さな妹」）。

著者は、夫の死後、書店を手伝いたいと申し出ます。けれどもルチアは、「どうしても男性の手がほしい」と言ってこれを断り、ペッピーノの後任にトゥロルド神父の推薦したミネッティを選びます。ミネッティは、もと神父でしたが、教会の在り方に反対して、聖職を退いて所帯をもっており、カトリック労働組合の左派とも深くかかわりがあったとされます。著者は、「あのころ私たちが『なんとなく』違和感を感じていたミネッティの過激な路線が、やがてコルシア・デイ・セルヴィ書店の理想を徐々に侵蝕していくことなど、当時はだれひとり想像してもみなかった」と語ります（「ふつうの重荷」）。

「六八年に爆発した学生紛争」（銀の夜）の中で、書店が急激に左傾化します。そんな書店から「ほどこしなんて、植民地的な発想だと批判され」た愛のミサに参加するボランティアグループの裕福な女性たちは、憤然として書店から事務所を移します（「不運」）。トゥロルド神父は女性たちの味方をして、カミッロは書店の肩をもちました。

一九七〇年ころから、過激化した学生運動が泥沼化し、「若者たちの側に立ちつづけた」コルシア・デイ・セルヴィ書店は、教会当局から政治活動の放棄か書店名を変更しての立ち退きかの二者択一を迫られます。書店は、後者を選び、ミネッティの探してきたカトリック労働組合の建物を借りて、所在地の名称をとって「タディーノ街書店」となります。

学生と「愛のミサ」の女性たちの対立のように、一九六〇年代末の学生の反乱が、抵抗運動という一種の戦争体験に色濃く影響されたカトリック左派の思想と摩擦を起こす出来事は、一九六九年に大学に入学した私の世代には、どこかで見た光景のように感じられます。日本の一九六八年の「若者たちの叛乱」が何であったのかを問う大著・小熊英二『1968 上・下』(新曜社)は、学生側が戦争体験に色濃く影響された思想である戦後民主主義を一面的に批判したことについて、「先進国になりつつある社会に生き、『現代的不幸』に直面しつつあった彼らが、日本が発展途上国だった時代に形成され『近代的不幸』の解決を課題にしていた思想に、リアリティをもてなかったことは容易に想像できる」と分析し、「近代的不幸」を戦争や貧困とします。

けれども著者は、コルシア・デイ・セルヴィ書店の終焉をこのような外部社会の動きのみに求めてはいません。「戦後の混乱のなかで、ダヴィデの発想で出発し、彼の仲間たちが引き継いだコルシア・デイ・セルヴィ書店は、こうして思いがけない終焉をむかえることになったのだったが、私にはこれが、ルチアだけでなく、書店の仲間みんなが、晩い青春の日に没頭した愉しい『ごっこ』の終りだったように思えてならない」と語ります(「ふつうの重荷」)。

『ごっこ』の終り」という表現は、ここまで作品の世界に浸ってきた私には、思わず息をのむほど強い表現のように感じます。そこで、改めて作品を読み返すと、著者がトゥロルド神父に会う前の一九五〇年代の終わり、アッシジの修道院で同宿したフランス人女性と交わした会話の中にヒントがあるように思いました（「銀の夜」）。

ふたりは、カトリック左派のいうキリスト教を基盤とした従来の修道院と異なる生活共同体というものが可能なのかを論じます。彼女は著者に対し、「雑誌の編集という職場でなら、共同体というものが考えられるかもしれない」「でも、それ以上はぜったいむりよ。若いうちはいいけれど、年齢とともに、人間はそれぞれの可能性にしたがって、違ったふうに発展する。そこでかならず亀裂がはいるのよ」と語ります。著者が「『ごっこ』の終り」と語るとき、書店のメンバーひとりひとりが、「年齢とともに、人間はそれぞれの可能性にしたがって、違ったふうに発展」し、その必然的な結果として、書店の理想としていた共同体に「亀裂がはいっ」たと感じたのではないでしょうか。

こうして、著者は「それぞれの心のなかにある書店が微妙に違っているのを、若い私たちは無視して、いちずに前進しようとした」「若い日に思い描いたコルシア・デイ・セルヴィ書店を徐々に失うことによって、私たちはすこしずつ、孤独が、かつて私たちを恐れさせたような荒野でないことを知ったように思う」と記して（ダヴィデに――あとがきにかえて）、作品を終えます。

この作品には、「あとがき」がありません。けれども、作品を読み終えると、冒頭の著者翻訳のウンベルト・サバの詩が「あとがき」にふさわしいように感じられます。

「星の／かわりに／夜ごと、ことばに灯がともる。／人生ほど、／生きる疲れを癒してくれるものは、ない」

（須賀敦子『コルシア書店の仲間たち』文藝春秋　一九九二年）

藤木久志『雑兵たちの戦場』

「信玄公は、家康を浜松城から誘き出したんだよ」

二〇〇八（平成二十）年四月の日曜日、甲府の中心街で「信玄公祭り」の武者行列を眺めていると、隣の六十歳位の男性が男の子に語っています。三方ケ原の合戦の話のようです。お孫さんらしい小学生の男の子は、目をきらきら輝かせながら、身を乗り出して聞き入っています。

私は、前年十二月から所長として甲府の裁判所に勤務していました。所長は、裁判は担当せず、裁判を担当する裁判官や裁判所のスタッフが十分に力を発揮できるような環境整備の仕事をします。地域と裁判所の接点となって、裁判所のことを地域の人たちに知っていただくのも重要な仕事です。裁判員裁判の開始直前で、裁判員裁判について地元テレビ局のインタビューも積極的に受けていました。そして、地元のことを学ぶことも大切になります。

甲府では、武田信玄の命日（四月十二日）の前の金曜から日曜にかけて「信玄公祭り」が開催されます。信玄公役に有名な俳優を招き、武田の二十四将とその軍勢に扮した千名を超える人が出陣の儀式をして、市の中心街で武者行列をします。男の子の目の輝きを見ると、当地の子どもたちは何世代も信玄公の勇ましい活躍を耳にして育ってきたのだろうと思い、藤木久志『雑兵たちの戦場』の一節が思い浮びました。武田信玄の領内は、戦場になることもなく、民百姓まで皆豊かになっていて、国は活気にあふれて安泰であり、これもみな信玄公の威光のおかげだというのです。確か、武田の軍記『甲陽軍鑑』が引用されていたと記憶します。

藤木久志『雑兵たちの戦場』（朝日新聞社）を読み返してみました。著者は、戦国史の研究者で、信長、信玄など英雄の眼から論じられることの多かった戦国時代の戦場を下級兵士や戦場の村の人たちの側から描いて、評判になった作品です。現在、専門家の間でどのように評価されているのかはわかりませんが、初めて読んだときも今回も、戦国時代の社会や人々を目の当たりにする興奮と、読んで考えをめぐらす楽しみを、味わわせてくれました。

『雑兵たちの戦場』は、宣教師ルイス・フロイスが戦国日本で書いた比較戦争論から始まります。「日本での戦さは、ほとんどいつも、小麦や米や大麦を奪うためのものである」

フロイスは、ポルトガルに生まれ、戦国時代末期、三十年あまり九州と畿内で暮らし、一五六三（永禄六）年長崎で亡くなりますが、彼の目には、戦国時代末期の戦が「食うための戦争」と映ったようです。著者は、フロイスの認識を「慢性化していた飢饉の状況を背景に、戦場で絶え間なくくり広げられる、人や物の激しい掠奪と売り買いは、フロイスの『日本史』全十二巻のいたるところに満ちている」とまとめています。著者がこの本の末尾に掲げた「戦国期の災害年表――凶作・飢饉・疾病を中心に」によると、一四五〇年から一五九〇年までの間、ほとんど毎年のように洪水、干ばつ、大雪、大風のような自然災害と凶作、飢饉が記録されているのに驚かされます。

著者は、このフロイスの認識が事実であるかどうかを当時の文献・記録から検証する作業を進めます。その結果、「凶作と飢饉のあいついだ戦国の世、懸命に耕しても食えない人々は傭兵になって戦場へ行った。戦場に行って、わずかな食物や家財や男女を奪い、そのささやかな稼ぎで、なんとか冬を生き抜こう。そんな雑兵たちにとって、飢えに見舞われる冬から夏への端境期《はざかいき》の戦場は、たった一つのせつない稼ぎ場であ」り、「生命維持の装置《サバイバルシステム》」でさえあったという結論に至ります。

著者は、これを上杉謙信の関東出兵から論証します。謙信は、川中島合戦で知られる北信濃のほか、北陸、関東へ生涯二十回を超える国外出兵をしています。北信濃出兵と北陸出兵には季節性が認められないのに対し、十回を超える関東出兵には、季節性があると指摘します。晩秋に越後を出発して関東で越冬し、春に越後へ引き上げる長期越冬型が多いというのです。

関東の中世後期の寺の過去帳を調べると、早春から初夏に畑作の収穫があるまでの端境期に食糧が欠乏して死亡する者が多くなるという研究があります。そうすると、謙信の関東出兵は、二毛作のできない越後で食糧難が深刻になるこの端境期に関東へ出兵して、収穫を終えたばかりで雪もない関東で戦争と略奪を重ねながら何とか食料を獲得して生き延び、略奪の成果を持って、越後へ帰る出稼ぎさながらのものであるということになります。越後人にとっては、英雄謙信は、ただの純朴な正義漢や無鉄砲な暴れ大名ではなく、雪国の冬を生き抜くため、他国への出兵戦争という大ベンチャービジネスを企画して実行した救い主になると書いています。

著者は、謙信軍に襲われた関東の戦場の村々の惨状にも目を向けます。村々が特に悲惨な被害を受けるのは、戦場において、「乱取り」が行われたことによるというのです。「乱取り」は、「乱妨取り」ともいい、戦場の物取りのほか人の掠奪をも意味しており、その人的被害は女性と児童に集中しました。上杉謙信が筑波（常陸）の城や藤岡城（上野）で勝利をした際には、城下で「人馬際限なく取る」という戦いがされます。常陸小田城を落城させると、城下は人を売り買いする市場に一変して、二十文から三十文で人の売り買いがされたという記録を紹介します。戦国の商人の中には人身売買に深くかかわった者たちがいたようであるとし、商人は、「乱取り」された人を親類縁者が身代金を支払って取り戻す仲介もしていたことを示す史料を紹介します。

九州、紀泉国境、奥羽の戦場でも、人が「乱取り」されたことを示す史料を紹介して、当時全国の戦場で行われていたことを論証します。著者は、文献史料の中でも、武田の軍記である『甲陽軍鑑』が、雑兵たちを描きだす迫力は、他の追随を許さないものであって、雑兵たちが戦場で演じた「乱取り」は異様な精気に満ちていると書いています。

「戦争帰りの兵士たちは、敵を倒して巻き上げた刀・脇差の類や、戦場の村から奪い取ってきた馬や女たちなどをいい稼ぎにして、戦いを重ねるごとに身なりや羽振りがよくなって行く。雑兵たちは自分の身の廻りを飾るだけでなく、『分捕・乱取つかまつり、おのれが村里へ越し、親・妻子・兄弟にくれ』た。だから自分の国が戦場になることのなかった武田信玄の領内は、民百姓までみな豊かで、国は活気にあふれ安泰で、戦争だといえば、嫌がって騒ぎ立てるどころか、みな喜んで出て行く。これもみな信玄の威光のおかげだ、と『甲陽軍鑑』はいう」と書いています。私の記憶にあったのは、この記述だったようです。

著者は、戦場で「乱取り」を行ったのは、「雑兵たち」であると書いています。戦国大名の軍隊は、仮に百人の兵士がいても、騎馬姿の武士はせいぜい十人足らずで、あとの九十人余りは、①武士に奉公して主人と共に戦う「侍」（悴者《かせもの》・若党・足軽）、②その下で戦場において主人を補《たす》けて馬を引き、槍を持つ「下人」（中間・小者・あらしこ）、③村々から駆り出されて物を運ぶ「百姓」たち（夫《ぶ》・夫丸《ぶまる》）です。この本が「雑兵」と呼ぶのは、これら①、②、③の人たちのことです。そして、上野箕輪城を攻め落とした武田軍が、悴者《かせもの》から小者（下人）・人夫までが競って城下の「乱取り」を続けたという『甲陽軍鑑』の記述を紹介します。

「雑兵」には、春に飢える村人たちが季節的な傭兵として出稼ぎ的な兵士を務める場合のほか、凶作と飢饉が続く中で、武家奉公人の稼ぎを目当てに農業を断念して村を捨て若党や小者になった人たちもいます。当時、武士の下級の奉公人である中間・小者たちは、頻繁に主人を変えており、渡り奉公人として、いわば流れの傭兵勤めで身を立てていたというのです。飢餓の村々から転職した傭兵のほか、悪党と呼ばれていたより専門的な傭兵もおり、戦時には、夜討ち、放火等のゲリラ戦を請け負うプロフェッショナルとして働いたことを当時の史料から明らかにします。

著者は、雇い主である武士には、平時から多数の兵を養う資力がなく、戦時のみこれらの人々を雇うことが多かったと論じています。

『雑兵たちの戦場』を読み進めると、とても気になるのが、「乱取り」された人たちのその後の運命です。著者は、転々と売られてポルトガル船で東南アジアへ送られた人々の軌跡はかなり確かであるとします。しかし、町場の商家に下人・下女として隷属した人々の痕跡の一部は『長崎平戸町人別帳』などによってわずかに辿ることもできるものの、富家の下人となって耕地開発や経営の多角化に駆使されたとみられる人たちの消息はほとんど聞くことがないと書いています。

『雑兵たちの戦場』を読んでいると、戦場となった村人たちが、なすすべなく戦の被害にさらされる一方であったのかという疑問が出てきます。著者は、村人たちが、自らの力で生命財産を守るたくましい試みを重ねていたと語ります。両国の勢力が拮抗する国境近くの村の場合、敵味方と交渉して、年貢を敵味方に半納する「半手」という習俗までありましたが、一般的な防衛策は、「城あがり」でした。敵が攻めてきた場合に村人たちが老人、女性、子どもを連れて領主の城へ避難するもので、戦国の至るところで習俗になっていたというのです。著者は、島津軍が北上した九州の戦場、織田軍が攻めた西国、中国の戦場からこれを論証します。領主は、戦場から領民を保護するため、城郭の一部を領民に開放する務めがあると考えられており、城郭はその一部が領民に開放された公共の空間となっていたようです。

領主の城から遠く離れた村々の場合は、山中に用意した自前の避難所に避難する「山あがり」と呼ばれる防衛策をとったようです。「山あがり」の場合、攻めてくる軍勢に対し、兵糧や礼銭を払うと敵対とはみなされなかったというのです。避難所が村人たちによって自前で築かれた要害となっている例も紹介して、戦国の村人たちは築城の技術をもち、必要とあれば防衛をする自前の武装もあったとします。そして、中世の村には、勝手に侵入するよそ者に対し実力で武装解除し、抵抗すれば殺害して、村人たちが自力で平和を守る掟があり、落人狩りもその一環であったと論じます。

敗残の落人と見れば、村をあげて襲いかかり掠奪したというのです。

明智光秀は秀吉との戦いに敗れて京都伏見の村々に逃げ込んで地元民の落人狩りにあって最後をとげました。また、武田二十四将のひとりである穴山梅雪（信君）は、本能寺の変後、堺から脱出しようとして、宇治田原（京都府）で村民たちの略奪にあい、財物の一切を奪われて、殺されたという出来事を著者は紹介します。フロイスは「このように戦乱が続く時は、逃走者すべてに襲いかかり、機会があれば、その持ち物も命も奪うのが、日本の習慣である」と明記しています。

こうしてみると、戦国時代の戦場は、戦国の群雄が颯爽と活躍する年末の戦国物テレビドラマの世界ではなく、黒澤明監督の映画「七人の侍」が意外に史実に近かったということになりそうです。

秀吉の天下統一によって、日本国内から戦場が消えた時、戦場の稼ぎに頼っていた人たちはどうなったのでしょうか。著者は、凶作と飢饉の戦国時代の底辺でたくましく生きてきた人々にとって「生命維持装置《サバイバルシステム》」の役割を果たしていた戦場が消えることは、大きな社会不安の原因になり得たと論じています。実際、職を失った旧傭兵の中には、都で盗賊団を組織する者もいて、処刑された石川五右衛門もその一人であるというのです。

秀吉が国内の戦場を閉鎖した途端に朝鮮での戦争を始めたという史実のもつ意味はまことに重いと、著者は語ります。渡り奉公人である中間・小者や悪党たちも大名軍と共に海を渡ったようだとして、国内の戦場を「生命維持装置《サバイバルシステム》」としていた人々の第一の吸収先が海外の戦場であったと説きます。著者は、秀吉が、名誉欲に駆られ、国内統一の余勢を駆って、外国への侵略へ乗り出したというより、国内の戦場を国外へ持ち出すことで、戦争エネルギーを国外へ放出して、ようやく日本の平和と統一権力を保つことができたというほうが現実に近いことになると論じます。

しかし、農業を暮らしの第一にして、冬を越して夏を迎えるまでの端境期に戦場をたった一つの稼ぎ場として命をつないでいた村人たちには、海を越えた戦場はあまりにも遠いことになります。そこで、秀吉の大坂城築城に始まる城や城下町の建築ラッシュの普請場と金銀の産出で沸いた鉱山がこれらの村人たちの吸収先になったとします。この大規模建築工事による吸収策は、徳川幕府に引き継がれ、大坂の陣後の大坂城の普請では、黒田家の割り当て分だけで、延べ三十五万人近くの現地雇いの日雇い人夫が使われたことを紹介します。

私は、『雑兵たちの戦場』の出版前の一九九三年四月から三年間大阪地裁に勤務して、京都伏見の官舎で暮らし、休日には四季折々の京都のお寺を訪ねていました。京都の寺を何度も訪ねるうちに、清水寺の舞台をはじめ、知恩院など大伽藍の多くが江戸時代の初期に建造されていることに気付きました。応仁の乱以来の戦火が続いた京都で、大伽藍を次々に建築するのは、平和の時代の到来を表すシンボリックな事業であり、人々の意識に平和の到来をアピールすることが目的なのかもしれないと、その時は漠然と考えていました。

しかし、『雑兵たちの戦場』によれば、これらの工事は、戦国の時代がもっていた戦争エネルギーを普請場で発散させ、平和の時代を到来させるための公共工事ということになります。戦国の村人たちの稼ぎ場であった戦場が消えた後社会に安定をもたらすためには死活の意味をもつ公共工事であったということになります。

このような目で見ると、清水の舞台もまた違った姿を見せているような気がしてきました。

『雑兵たちの戦場』は、最終章で海外に出た傭兵たちのことを論じています。秀吉が死んで日本軍が朝鮮から撤退した翌年の一五九九年七月、マニラ総督は、スペイン国王に宛てて、日本の兵士たちが朝鮮の戦場を失って行き場を失い、新たな稼ぎをもとめてルソンを狙うことを警戒する軍務報告をしたことを紹介します。この時代、シャム（現在はタイ王国）の内乱で活躍した山田長政が小大名大久保忠佐に仕えた六尺、つまり駕籠をかつぐ下僕であったというところにも、『雑兵たちの戦場』で論じた日本人傭兵たちの源流がしのばれるとして、『雑兵たちの戦場』は終わります。

『雑兵たちの戦場』を読み返した後、甲府市の要害山城へ登ってみることにしました。武田信玄は、現在、武田神社の建っている躑躅ヶ崎館ではなく、その背後の山にあるこの要害山城で生まれたとされます。今川家臣福島正成の率いる軍勢が甲府に迫っており、信玄の父信虎の正室がこの城に避難している間に信玄が生まれたというのです。

冬の晴れた日曜日、躑躅ヶ崎館跡にある武田神社を徒歩で出発しました。けっこう、きつい登りもありましたが、ようやく、山頂付近の城跡に着きました。城跡には甲府市内を一望できる場所もありましたが、他に人影はありませんでした。城跡は、山頂を整備して主郭を作り、山腹にも連続的に郭が配置されていたようで、竪堀や土塁、石垣も一部残っていて、想像していたより、ずっと広い感じを受けました。

城跡で『雑兵たちの戦場』の記述を思い起こすと、信玄が生まれた時、この城の主郭以外の部分には、侵入軍から逃れて「城あがり」をした周辺の村人たちや城下の人たちがいたのかもしれないと想像してしまいました。張りつめた空気の中で、武田軍と侵入軍の戦いの結果の報せを待ち、信虎が甲府近郊の飯田河原合戦で福島勢を撃退したと知らされて、「城あがり」をしていた人たちが、村や城下が「乱取り」の惨禍から逃れたと安堵の表情を浮かべるところも、思わず想像してしまいました。史実とは違うのかもしれませんが。

このときの戦況からしても、父信虎の時代には、甲斐が戦場になることも多く、『雑兵たちの戦場』が描く惨禍が甲斐の村々でもみられたのではないでしょうか。そうすると、信玄の治世になって、戦場が専ら他国となったことだけでも、甲斐の村人たちが信玄を英雄と考え、その記憶が何世代も語り継がれたとしても不自然ではないように思いました。

城跡から降りて武田神社の近くの商店街を歩きました。躑躅ヶ崎の館があった当時、武田の重臣たちの屋敷が並ぶ城下町になっていた所です。商店街のところどころに誰の屋敷があったかを示す標識があり、穴山、山県、馬場などお馴染みの名前が目につきます。その一つを眺めていると、近くの商店から六十代位のご主人らしい男の人が出てきて、「興味ありますか」と声をかけられました。「はい」と答えると、その標識にある重臣の屋敷ばかりでなく、躑躅ヶ崎の館を中心とする町の配置全体を詳しく説明してくれました。

「ありがとうございます。本当にお詳しいですね。郷土史家の方なのでしょうか」と尋ねると、

「郷土史家なんてたいそうな者ではありません。ただ、信玄公とその時代の甲府に興味があります。店の場所が旧躑躅ヶ崎の館の傍なので、趣味で当時の町の見取り図を作っているだけです」という答えが返ってきました。「今要害山城から降りて来たところです」と言いますと、「要害山城にまで登るとは感心ですねえ」とにっこり笑うと、「ちょっと待っていて下さい」と言って店へ戻りました。しばらくすると、作りかけの町の見取り図のコピーを持ってきて、「もって行きなさい」と渡されました。重臣たちの屋敷のほか、職分に分かれた商人、職人の町も書かれた力作です。

山梨では、信玄公とその時代の歴史に愛着をもって調べる人が少なくありません。信玄公祭りで三方ケ原の合戦の話を熱心に聞いていた男の子も、このご主人のように信玄公の時代を調べることを趣味にするようになるのかもしれません。こうして、甲州では、信玄公の記憶がこれからも世代を超えて語り継がれていくのだろうと思いました。

（藤木久志『雑兵たちの戦場　中世の傭兵と奴隷狩り』朝日新聞社　一九九五年）

千松信也『ぼくは猟師になった』

突然、銃をかかえた男二人が車の脇を駆け抜けます。

「お客さん、河原で犬が鹿を追っていますよ」

運転手さんの声に外を見ると、鹿が河原を飛ぶように走り、すぐ後ろに二頭の犬が迫っています。

十二月の休日、奈良田の温泉へ向かうバスから見た光景です。

奈良田は、山梨県でも西の県境に近く、周囲を南アルプスの急峻な山と谷に囲まれた小さな集落です。ＪＲ身延線の下部温泉駅からバスでさらに一時間以上山へ入ります。秘湯というものがあるとすれば、奈良田以上にふさわしい場所はないと甲府の人から聞いたとおりのところでした。奈良田の集落では、ダム建築工事のために幹線道路が整備された一九五五（昭和三十）年ころまで焼畑農業が行われていたといいます。猟犬として活躍した甲斐犬が生まれた土地としても有名で、現在も狩猟が盛んなようです。温泉宿のご主人は、銃猟のベテランで、館内の壁一面に、ご主人の撃った大きな熊の写真や猟犬たちの写真が飾られていました。目にしたことがない狩猟雑誌のバックナンバーがそろっていました。狩猟雑誌というと、仕留められた獲物と誇らしげなハンターの写真が満載されているのかと思いましたが、猟に使う愛犬を紹介する和ませる記事がたくさん掲載されていました。読んでいるうちに猟期が十一月十五日に始まったことを知りました。

狩猟が少し身近に感じられるようになったことが、甲府へ戻って、千松信也『ぼくは猟師になった』（リトルモア）を読むきっかけになったと思います。この作品は、一九七四年生れで三十三歳の著者が、大学在学中に狩猟免許を取り、「猟師」として、七度目の猟期を迎える生活を書いています。その後、新潮文庫の一冊になりました。

まず、興味をもったのは、大学生の著者が「なぜ」、「猟師になった」のかということです。著者は、兵庫県伊丹市の商店と民家の間に水田や畑の残る「街の中の田舎」に生まれます。父が会社に勤める兼業農家の動物好きの子どもでした。山奥や無人島で動物に囲まれて暮らすことを夢見ていたといいます。このような生活を可能にする技術として、動物や鳥を獲る狩猟の技術に興味があったようです。自分の手で作ることができない鉄砲を使用する銃猟には、違和感があったとします。

京都大学在学中のアルバイト先の運送会社で、ワナ猟三十五年以上のベテランと知り合います。狩猟免許を取り、この人から、イノシシやシカを獲る伝統的なワナ猟を学びます。著者の猟への関心は自給自足的生活へのあこがれの延長という面があるようで、「猟師」といっても、獲物を売るようなことはせず、自分の食べる肉を自分で調達するものとして猟をしています。

大学卒業後も引き続きその運送会社で作業員を続けて生活費を稼ぎながら、猟を中心とする生活を送っています。銃猟の場合には、平日に長時間の勤務をして、猟期の土日だけ猟をするような暮らしをすることが可能です。ワナ猟の場合には、猟期には、仕かけたワナを毎日見回る必要があって、それを出勤前と退社後にしなければなりません。そこで、日のある間に勤務が終わるこの運送会社が理想的な職場だと書いています。

温泉宿に泊まった翌日、奈良田集落にある歴史民俗資料館を訪ねました。焼畑農業をしていたころの民具がたくさん展示され、そのころの生活が解説されていました。焼畑をするシーズンは、両親と作業ができる子どもたちは、家を離れて山中に作った簡単な小屋に何日も泊まる生活が続いたようです。子どもたちは学校を休み、家には作業ができない幼い子と祖父母が残ったようです。そこに展示された民具の中には、山の鳥獣を獲るさまざまな道具もありました。このような暮らしでは、狩猟が生活の一部であったのだろうと想像しました。

著者の「猟師」としての生活は、このような山の暮らしとはかけ離れたものです。徒歩十分で二十四時間営業のコンビニのある京都の市街地と山地の境目近くに住み、銭湯へ通う日常を送っています。そして、住まいの裏山など京都近郊の山々にワナを仕かけて猟をしているのです。環境問題に熱心な人が、著者の生活に憧れて住まいを訪れることがあるそうです。「エコっぽい人たち」は、著者が「大型液晶テレビでお笑い番組を見ながら、イノシシ肉をぶち込んだインスタントラーメンをガツガツ頬張っているのを見ると幻滅してしまうようです」と書いています。

著者は、借りている一軒家を、「街のなかの無人島」と表現します。裏山には、イノシシ、シカ、タヌキ、テン、キツネなどの野生動物が生息しています。夜間、イノシシが住まいのすぐそばまで出てきてドングリを食べることもあります。著者は、十一月十五日から翌年二月十五日までの猟期の間、裏山や周辺の山にククリワナを仕掛けてイノシシやシカを獲り、住まいに持ち帰って解体精肉をしています。

ワナ猟には、高度の技術と自然に対する深い知識が必要なはずです。京都の市街地近くに住む大学生が人から教わってできるようになるものなのでしょうか。著者は、猟の先輩に教えを受けてワナを作ります。著者の使うククリワナは、一本の鋼鉄のワイヤーでできていて、片方を輪にして獲物の通り道に仕かけ、もう片方を木の幹に固定して使います。獲物の脚が輪に入った時、一気にその輪が締まるように塩ビ管と圧縮バネで仕かけをしてあります。脚をくくられた獲物は、ワイヤーの長さの範囲でしか動き回れない状態になります。

著者は、ワナ猟が、文明の利器である銃を使う猟と異なり、原始的なレベルで野生動物たちと駆け引きをするところに魅力を感じています。この駆け引きでは、まず、動物の行動を知って、ワナを仕かける場所を選ぶことが重要になります。そのためには、山へ入ってけもの道を探さなければなりません。奈良田の歴史民俗資料館で目にした山の生活を送る人たちなら難なく見つけられるようになりそうです。

しかし、著者のような若者がどうやってけもの道を見つけられるようになったのでしょうか。著者は、けもの道が、普通の人が山を歩いても気づかないくらい目立たない道ですが、慣れると簡単にわかるようになると書いています。不自然な感じで斜面に段差がついていたり、平坦なところでも微妙に踏みしめられた枯葉があって判断できるというのです。

著者は、シカ、イノシシ、サル、タヌキも通る共用道もあれば、動物ごとに分かれる専用道もあるとします。著者は、主にイノシシを狙うので、できればイノシシの専用道を見つけてワナを仕かけますが、シカが異常に多い京都の場合、たいがいの場合、イノシシとシカの共用道を見つけてワナを仕かけることになるといいます。また、ワナで狙う動物の動静を探り、その山に狙う動物が何頭くらいいるのか、個体ごとの年齢、大きさ、習性を推測することも重要になります。

著者は、けもの道に残された痕跡を手掛かりにまだ見ぬ動物の姿を推測します。著者の狙うイノシシの場合、一番良いのがヌタ場を見つけることだとします。ヌタ場は、イノシシが泥浴びをする沼のような所で、ヌタ場を注意深く観察すると、泥浴びの痕跡から、来たイノシシの大きさと数、訪れる頻度や訪れた時期がわかるというのです。こうして、住まいの裏山のイノシシの動静を推測すると、裏山とイノシシが居そうな他の山二つ位に、それぞれ五丁から十丁のワナを仕かけます。

ワナ猟で求められる自然との向き合い方は、山で暮らす人たちが、日々の暮らしの中で身に着けるものだと思っていました。現代の京都に住む若者が、先輩に学び、注意深く自然を見極めて、その声を聞き分ける五感と知恵を身に着けていくことに新鮮な驚きを感じました。

この作品で、特に鮮烈な印象を受けるのは、著者がワナにかかったイノシシやシカにトドメを刺して絶命させる場面です。また、こうして絶命させたイノシシやシカを解体して精肉する場面も忘れ難い印象を与えます。

ククリワナにかかった獲物は、自由を制約された状態になりますが、それだけで死ぬわけではありません。猟師は、その場で自由を失った獲物にトドメを刺す必要があります。著者は、自分が仕かけたワナに初めてシカがかかったとき、シカの命を絶つことにさまざまな感情が湧き上がったとしますが、すべての感情を押し殺して、教わった手順で、処理をします。その手順とは、棒で「どつき」、獲物を失神させた上、ナイフを使って、イノシシの心臓を突き、シカの頸動脈を切って失血死させるというものです。シカやイノシシのような大型の動物であるだけに、銃による猟と比較して、猟が動物の命を奪うことが一段と鮮明になります。

著者は、自分が獲物の命を奪った以上、無駄なくおいしく肉を食べることがその動物に対する礼儀であり、供養になると考えています。食べるという切実な目的があるからこそ、猟によって動物の命を奪うことが許されると考えているように思われます。著者は、美味しく食べられるように丁寧に獲物の解体をします。イノシシとシカの解体、精肉作業の手順を写真入りで詳細に紹介しています。著者は、野生動物の肉には臭いがあるという一般通念は、正しい処理をした肉には当たらないとします。

捕獲後すぐにきっちり血抜きされ、手早く肉を冷却し、解体の際に胃や腸を傷つけて内容物を出さず、尿道等の処理にも細心の注意が払われて正しい手順で解体、精肉されたイノシシやシカの肉は、臭いがないとします。猟が食べることを目的にする以上、著者は、捕獲の段階から肉のことを考えます。ワナにかかり締め付けられた脚は内出血を起こして肉が傷むため、肉の少ない前脚にかかるようにワナを仕かけます。ワナにかかった動物が何日も放置されて死ぬようなことがあると、血が抜けず肉に臭みが残るので、猟期中は、毎日すべてのワナを見回らなければならないとします。

そしてイノシシのトドメを刺すのに、重宝なバラ肉に傷がつかないように胸の中心から突くと書いています。

こうして、捕獲から解体精肉まで細心の注意を払い正しい手順を経た肉は、臭いはなく、著者の家の牡丹鍋は、味噌味ではなく、シイタケ、白菜、三つ葉と一緒に煮てポン酢で食べると書いています。

奈良田温泉の宿で出た料理は、猟期中にふさわしく、ご主人が銃で仕留めたイノシシ、シカなどの珍しい食材で、初めて口にする味でしたが、食べやすく、とてもおいしく感じました。山梨県内のワイナリーのフランス料理レストランで冬場にジビエとして出されるシカ肉の料理を食べたことがありますが、濃厚な味付けで、肉の本来の味は相当薄らいでいる感じを受けました。これに対して、奈良田温泉の宿で食べたイノシシやシカの肉は薄めの味付けで、初めて口にする肉の味がしっかりわかりましたが、野生動物を思わせるくせが全くないことに驚きました。この作品を読んで、猟のベテランが、獲物を粗末に扱わずに、正しい手順で丁寧に処理した結果であり、著者の家のポン酢で食べる牡丹鍋にも通じるものらしいということが理解できました。

スーパーマーケットできれいにカットされ包装された牛肉や豚肉を買っていると、肉を食べることが、動物の命を奪っているという実感を忘れそうになりますが、著者は、人が肉を食べることの実像をいささか生々しく体感させてくれるように思います。この作品を読んだ後は、スーパーの食肉売り場も、また、違った光景に見えてくるような気がしました。

著者は、獲物がよく獲れるのは年内であり、年が明けると前半の五分の一も獲れないとします。

その理由は、猟期前から目を付けていた獲物は、自分か他の誰かが獲ってしまうこと、獲物が警戒してワナを仕かけたけもの道を通りにくくなること、イノシシの通っていた道を見つけても、そのイノシシがすでに捕獲されてしまったのか、まだ捕獲されず、けもの道をこれからも通るのかの見極めや、ワナを仕かける判断が難しくなることなどが考えられると書いています。そのため猟期の後半は、本格的な猟よりも来年に備えて新たなポイントを発見するためなどに毎日山に入ることになるというのです。

こうして、著者は、山の状況を判断して、たいてい二月の頭くらいにすべてのワナを引き揚げますが、「毎年のことですが、山からワナを抱えて下りる時には、そこで獲物を獲らせてもらったことに感謝する気持ちがわいてきます」と書いています。

二月十五日の猟期が終わると、著者は、薪ストーブに使う薪集めにかかります。山主さんの許可をもらって裏山から枯木を集め、倒木を中古のチェーンソーで解体して住まいに運びます。裏山の倒木を除くと、けもの道ができて著者の家の近くに来る動物も増えるとします。山は、自然のままより、適度に手を入れた方が実を落とす木々がよく育ち、動物にとっても好ましい環境になるというのです。

枯木や倒木だけでは、一冬分の薪には到底足りないので、間伐材や建築廃材ももらってきます。これらを鉈で薪にして家の廻りに積み上げて、冬の間に翌年の冬の分の薪を準備します。「春に薪ストーブをしまう頃に、家のまわりにびっしりと薪が積み上げられている光景は壮観で、心が豊かになってきます」と書いています。

春になって野山で一斉に植物が芽吹くと、著者のいったんおさまっていた狩猟欲が採集欲となって頭をもたげてきます。ツクシ、ノビル、クレソン、フキなど野草や山菜を採集することになります。著者は、「季節の味」というより、具体的な「今晩のおかず」や「長期間利用可能な保存食」になるので、街中でも生えていて、一度にたくさん採れるものを採ることにしているというのです。猟期後以外に獲れる動物性たんぱく質は魚介類ということになります。夏が来ると、著者は、海や川へ向かいます。著者は、遊漁券（年券）を購入して、アマゴやイワナを獲る渓流釣り、琵琶湖でコアユを獲る投網漁、海では、素潜りやマテ貝を獲る潮干狩りをします。また、七月には川でモンドリ仕掛けを使って鰻も獲ります。

秋になると野山が実りの季節を迎えます。公園では銀杏やクルミ、山ではサルナシ、マタタビ、ヤマボウシ、アケビなどの果実がたわわに実り、イノシシなどの動物が大好物であるドングリが落ちる季節になります。

夜九時過ぎ、著者は素潜りに使うウェットスーツを干すため、家の裏手に回ります。「物干し台のそばで、カバンからウェットスーツを取り出そうとしたその時、ガサッという音が聞こえました。一気に緊張が走り、僕は息を殺します。ガサガサッという落ち葉を踏みしめる音。フーフーッという鼻息。間違いなくイノシシです。うれしさのあまり、身を潜めている僕のほほが緩みます」

こうして、著者と住まいの裏に現れたイノシシとの遭遇がこの作品最後のエピソードになります。

作品全体を流れるのは、「狩猟をしている時、僕は自分が自然によって生かされていると素直に実感できます。また、日々の雑念などからも解放され、非常にシンプルに生きていけている気がします」という感覚です。「文庫版あとがき」によれば、著者は、現在、二人の男の子に恵まれ、家族の協力のもと、十二年目の猟師生活を送りながら「シンプルに生き」る暮らしを続けています。こんな著者の生活感に接すると、自分の日常生活の便利さや、これを生み出している複雑極まりない経済や社会の仕組みを、少し違う視線で眺めて、目まぐるしい毎日の中で少し立ち止まってみようかという気分がしてきます。

一九九三年四月から三年間を伏見の官舎で暮らし、京都を囲む山々を日々目にしていましたが、京都の市街に続く裏山のような手の届きそうな場所にシカやイノシシのけもの道が縦横に走り、ワナ猟ができるほどの野生の世界があるとは想像もできませんでした。著者のように、山の声を五感で感じ取りながら「自分で食べる肉は自分で責任をもって調達」して、「シンプルに生きて」いくことを選ぶ若者が現れるとも思いませんでした。こんなことを考えながら、甲府盆地を囲む山々を眺めると、それまで気付かなかった生命の鼓動が感じられるような気がしてきました。

（千松信也『ぼくは猟師になった』リトルモア　二〇〇八年）

平山優『検証　長篠合戦』

二〇〇八年（平成二十）年三月末、裁判員裁判のスタート準備のため東京で開かれた会議に参加しました。甲府へ戻る列車の中で、車窓一杯に淡紅色の雲が広がるような光景に目を奪われました。甲府盆地の桃の開花です。県内でも、韮崎市近郊の新府桃源郷では遅くまで桃の花を見ることができます。四月中旬、快晴の日曜日に家族と訪れました。あたり一面の桃の花が、空の青、富士山、南アルプス鳳凰三山、八ヶ岳の残雪の中で輝く中を散策していると、近くに、武田氏滅亡時の当主勝頼最後の居城の新府城跡があることを知りました。

夏の暑い日に新府城跡を訪ねました。中央本線の新府駅は無人駅で、日曜の午後、降りたのは私だけでした。本丸城跡へ続く細い石段を登って本丸跡へ出ましたが、ここでも人に会いません。新府城は、台地の上に自然の地形を利用して土塁と堀で築城され、西側は釜無川から切り立った断崖です。躑躅ヶ崎の館跡（武田神社）とは比較にならない規模の大きさに驚きました。勝頼が、一五七五（天正三）年の長篠合戦敗北後築城して躑躅ヶ崎の館から移ったものの、織田・徳川の侵攻のため、一五八二年わずか在城六十八日間で城を焼いて東へ落ちのびます。本丸跡には長篠陣没者慰霊塔がひっそりと建っていました。

名古屋地裁に勤務していた一九八五（昭和六十）年頃、長篠合戦の古戦場、設楽原（愛知県）を訪ねたことがあります。鳳来寺山への裁判官の旅行会の途中に立ち寄りましたが、今にも雨が降りそうな空模様で、武田側は火縄銃の大敵である雨を望んだのだろうと考えたことを思い出しました。草木の鬱蒼と茂る広大な城跡を歩くと、長篠合戦とその後の武田氏の滅亡のことが思われました。

書店で、平山優『検証　長篠合戦』を手にすると、人影のない広大な新府城跡の記憶が蘇りました。史料から堅実な論証を重ねる面白さと、結論を知ったときの興奮を味わうことができて、歴史書を読む醍醐味を満喫させてくれる本でした。甲府から東京へ戻り、東京高裁の裁判長をしていた時のことです。

『検証　長篠合戦』は、二〇一三年度東京大学史料編纂所を共同拠点とする共同研究の成果の一部で、同じ著者の『長篠合戦と武田勝頼』（吉川弘文館）と対になる作品です。著者は、大学院で学んだ後、山梨の県立高校の先生となって、地元に腰を据え、東国の戦国史を研究しています。この作品は、「長篠合戦」について、一五七五年五月二十一日の早朝から午後にかけて設楽原で、何が実際に起こったのか復元を試みます。

過去の特定の日時に、特定の場所で、特定の人が何をしたかを探求するというのは、一見、裁判と似ているように思われるかもしれませんが、大きな違いがあります。裁判では、証拠から解明できない事実があっても、結論を出して、当事者のどちらかを必ず勝訴させなければなりません。そこで、ある事実が解明できない場合にどちらの当事者の不利益に扱うかというルールを法律が予め決めています（立証責任）。ＡがＢから暴力を受けたと主張して損害賠償を請求する裁判を起こしたとすると、Ｂの暴力が証拠上はっきりしなければ、Ａが不利益に扱われて、請求は認められません。Ｂの暴力の証拠はありますが、ＢがＡと示談して全額弁償済みと主張した場合には、示談と弁償の事実が証拠上はっきりしなければ、Ｂが不利益に扱われて、損害賠償請求が認められます。このようなルールは、証拠によって過去の出来事を解明することがなかなか難しく、結局、最後まで真相がわからないこともあることを考え、それでも公平な裁判になるように長年の経験の中で決められたものだと思います。数か月、数年前の出来事でさえ、証拠によって解明することが難しいことを前提にして裁判の仕組みが作られていることからすれば、四百年以上前の出来事を再現する作業の困難さは、想像を絶するものです。著者は、果敢に挑戦します。

通説は、武田の騎馬武者による一斉攻撃が、織田・徳川軍の三千挺の鉄炮を交代で連射する新戦法と馬防柵に阻まれ、武田軍が壊滅状態になったとします。参謀本部編『日本戦史・長篠役』（元真社　一九〇三年）から始まった学説で、私も学校で教わった記憶があります。信長の編み出したこの新戦法によって、騎馬中心の戦法から鉄炮主体の戦法へ戦の主流が移ったと解説されています。しかし、通説の唱える鉄炮の運用方法、武田の騎馬衆の存在、馬防柵など防御施設の規模は反対説から強い批判を受けています。著者は、これらの対立点を検討して、「長篠合戦」の再現を試みています。

裁判では、事実を認定するためには、必ず証拠書類の信頼性を検討しますが、著者も、文献史料の信頼性の検討から作業を始めます。この合戦に言及する日記的な史料や軍記物の信頼性を検討した結果、同時代の日記を元にした史料である『信長記』は、信長の家臣太田牛一が、直接体験したり、他の家臣たちから聞いた信長の事跡を記録したもので信頼性が極めて高いという通説に賛同します。しかし、歴史学者がその史料価値に否定的であった軍記物の『甲陽軍鑑』についても、最近の研究成果などから、慎重に検証をすれば、その記述の中に利用可能な情報を含むものもあるとします。著者は、国語学者酒井憲二氏の研究により、『甲陽軍鑑』に室町時代の古語と仮名遣いがふんだんに使用され、甲斐・信濃の方言や庶民の使用する「げれつことば」が多用されるなど、その言語相が江戸初期の人物が中世人を真似て偽撰し著述できるものではないことが明確にされたとしています。

著者は、これらを基本的な史料として、織田氏、武田氏に残る文書などの史料を加えて個別の論点を検討します。

鉄炮の交代射撃について、著者は、「長篠合戦」で生まれた新戦法であるという通説を否定します。信長が、長篠合戦前から諸将の部隊から選抜して鉄炮衆を編制し、交代射撃の戦法を使った文献史料があり、この戦法が織田軍に限らず当時の一般的な鉄炮衆の運用法であるというのです。また著者は、武田氏が鉄炮の装備に不熱心であったとする通説も否定します。武田氏には、信玄時代から鉄炮に関する文書が織田氏より多く残されており、信長と同じく、諸将の部隊から選抜して鉄炮衆を編制して、戦場では鉄炮を集団的に使用していたことを文献史料から論証します。「長篠合戦」で武田方の鉄炮で負傷した徳川方の記録も紹介します。

裁判では、物的な証拠は、証言や証言を記録した文書より作為が加わりにくいものとして重視されますが、著者も物的な証拠を重視します。武田領内から発掘された銃弾の分析結果から、武田氏の装備した鉄炮と織田氏の装備した鉄炮には、その性能等の質的な違いはないと説きます。それでも、文献史料等から、武田氏には、鉄炮の運用について、織田氏より圧倒的に不利な点があったと論じます。武田氏が、鉄炮に使用する玉薬や銃弾の入手に苦労していたことがうかがえるというのです。

長篠城に、武田方から撃ち込まれた銃弾には鉛を節約して鉛とスズとの合金製のものがあります。武田氏が銃弾の材料を、鉛に代えて明銭の悪貨を改鋳した銅を使用した記録も残っています。国内で発掘された銃弾の成分分析やポルトガル船の交易記録から、銃弾に輸入品の鉛も使用されていたことを論証します。そうすると、全国の物流の中心であり、南蛮貿易の窓口でもあった近畿を領国とする織田氏と比較すると、武田氏は、丸薬、弾丸の入手の点で圧倒的に不利な立場にあったというのです。勝頼が「長篠合戦」後の家臣への軍令で、鉄炮一挺について三百発分の弾丸と玉薬の用意を命じたのも、「長篠合戦」の戦訓ではないかというのです。

通説の説く武田家の騎馬衆の存在を、反対説は否定します。騎乗する武士は、地位の高い将校クラスであって、この者たちだけで一隊を組織すれば、全軍の指揮官クラスが手薄になること、下馬して戦うのが日本の常識とヨーロッパの宣教師たちが記録していること、日本の馬が小型で蹄鉄も使用されず、鎧を着用した騎馬武者を乗せて戦闘するのが体力的に無理であることなどを論拠とします。反対説を読みながら、設楽原は山地が迫り、丘陵が続いて起伏に富み平地が思いのほか少なく、こんな地形で騎馬武者の大軍が突撃できたのだろうかと素朴な疑問をもったことを思い出しました。

しかし著者は、武田氏の文献史料から、武田氏には、騎乗して戦に参加した身分の低い武士が少なからず存在したことを明らかにします。また、宣教師たちの記録は西国に関するもので、東国では、騎乗した武士が集団で敵陣へ突撃して敵の混乱を招く「乗込」「乗崩」と呼ばれる戦法が使われたことを示す文献史料が多数存在することを紹介します。文禄・慶長の役の際、明国側に、日本側の騎兵の突撃によって自軍がかき乱されたという記録まであるとします。武田氏館跡から発掘された馬の骨格や文献史料から、騎馬衆は、通常、体高四尺（約百二十一センチ）をやや上回る程度の小型の馬に騎乗しますが、当時の馬が六十キロから百キロの人や荷物を乗せて運んでおり、騎馬武者を乗せて戦場での用途と役割を果たし得たことを論証します。こうして、武田氏には騎馬衆も存在し、集団で使用されたという結論に至ります。著者のこの考察を読んで、武田氏のホームグラウンドの甲斐の国は、山が多く、起伏に富んだ設楽原に似た地形が多いと甲府勤務時代に感じたことを思い出して、設楽原の地形も当時の騎馬衆の妨げとはならなかったのかもしれないと思い直しました。

著者は、学説の対立点のほか、軍隊の質とこのような軍隊による通常の合戦のスタイルを検討します。そして、信長の軍隊が、尾張の土豪層を動員し、征服地でも地域の国衆や土豪層をそのまま重臣の与力などにして編制されているとする文献史料から、兵農分離という点で武田軍と質的な差はないと論じます。信長の軍隊が、よくいわれるように「兵農分離」の職業軍人の精鋭であることを実際に証明した研究は存在しないというのです。そして、このような軍隊間で戦われる合戦の通常のパターンを、文献史料から分析します。合戦は、①両軍が前進して鉄炮の射程距離に入ると、鉄炮を撃ち合って、互いに相手の鉄炮衆を沈黙させようとする鉄炮競合《せりあい》で始まり、②さらに接近して弓の射程距離に入ると、互いに弓を射ち合う矢戦となって、③さらに両軍が接近すると、まず槍、次いで剣を交える打物戦へと展開するというのです。

このような作業を踏まえて、著者は「長篠合戦」を再現します。

一五七三年五月二十一日、設楽原へ武田軍が進出して、馬防柵を設置して布陣する織田・徳川軍と対峙します。『甲陽軍鑑』によれば、武田軍一万五千人、織田軍三万人、徳川軍八千人の軍勢です。夜が明けると、武田軍は、定石通り、鉄炮衆、弓衆を先頭に前進を始め、鉄炮競合、矢戦へと進み、この間、馬防柵の引き倒しも試みられます。これに対し織田・徳川軍は、三千挺を超す鉄炮を戦闘が続く限りいつまでも間断なく撃ち続けます。これを可能にするほどに大量に用意された玉薬と銃弾、鉄炮を援護する多数の弓衆は、武田軍が東国の戦場で対峙したことのない圧倒的な物量です。数で劣る武田の鉄炮衆、弓衆には徐々に死傷者が多くなっていきます。

また、武田軍の用意した玉薬の量は少なく、死傷を免れた鉄炮衆が全弾を撃ち尽くした場合もあるとします。武田軍の攻撃は、長篠城を包囲していた武田軍の別部隊が酒井忠次らの別働隊に敗れたことが判明した九ツ始め(午前十一時ころ)から本格化しますが、そのころまでに武田軍は、自軍の鉄炮衆、弓衆からほぼ援護射撃を受けられなくなっていました。武田軍は前傾姿勢をとって交代で前進して馬防柵を引き倒そうとしますが、銃弾と矢で甚大な損害を受けます。引き揚げようとすると、徳川勢や織田勢の足軽がすかさず追撃して損害を拡大し、これを繰り返す間に武田軍が次第に消耗し始めます。

この間、徳川の馬防柵が三重柵のうち二柵まで突破され、三柵とも突破されたところがありましたが、徳川の陣へ踏み込んだ武田の将兵は、後に続く軍勢がないまますべて討ち取られたと徳川方に記録されています。馬上攻撃も鉄炮、弓、足軽の反撃で撃退されます。午後二時ころには、武田軍は消耗が大きくなって攻勢を続けられなくなり、総退却を始めます。織田・徳川軍が大軍で追撃して、武田軍は遂に総崩れとなります。勝頼は辛うじて戦場を脱出しますが、武田軍は追撃戦の中で、山県昌景、内藤昌秀、馬場信春、真田信綱・昌照兄弟など多数の重臣たちが戦死し、大損害を受けます。テレビや映画のイメージとは異なり、馬防柵際で戦死した重臣は、土屋昌継以外にはないとします。

著者の再現する「長篠合戦」では、武田の将兵が、援護射撃がなく一方的に銃撃にさらされているのに、なぜ、前進し続けたのかという疑問が生じます。著者は、信玄以来の武田の軍法に答えを求めます。武田氏の軍法は、銃弾や矢が激しく飛び交う場所へ飛び込んで敵を討ち取る戦功を「場中の高名」と呼んで、特に高い評価を与えていました。そのため、野心的な将兵は、高い戦功が認められることを期待して、危険な「場中」へ勇んで飛び込んで行くことになったというのです。

著者は、武田軍の戦法が、鉄炮や弓の攻撃をしのぎながら敵陣に突入してこれを無力化して、後方から続く軍勢が続々と乗り込みをかけて勝機を見出すというもので、当時の正攻法であるとします。これが失敗したのは、優勢な敵の火力をしのぎつつ敵陣を制圧するだけの兵力に欠けていたからであるというのです。そうすると、明暗を分けたのは、通説の説くような旧戦法対新戦法、兵農未分離の軍隊対兵農分離の軍隊という戦法や軍の質的な差ではなく、擁した火器と弾薬の数量差、兵力差ということになります。この差の生じた理由は、織田・徳川と武田の領国の規模の差と地域差であり、鉄炮と玉薬、銃弾の輸入、国産の可能な地域へのアクセス可能性の差にあると結論づけます。

著者の見解の歴史学上の本格的な評価は、これからということでしょう。しかし、通説が「長篠合戦」を、信長の天才が発揮された時代を画する異質の合戦と考えてきたのに対し、著者は、「長篠合戦」が同時代の他の合戦と連続性のあるいわば普通の合戦ととらえ、明暗を分けたのが、兵力と火力の量の差にあるとしています。私は、何だか太平洋戦争の日米戦を連想してしまい、とても説得力を感じました。この常識的にさえ思える結論が、かえって斬新に感じられるところが、学問の面白さなのかもしれないと思いました。

その後、本郷和人東大教授が、「歴史学、今年の成果は」という見出しの記事で、この作品を「等身大の信長」を描く今年の歴史学の成果のひとつとして紹介していることを知りました（朝日新聞　二〇一四年十二月二十二日夕刊）。

新府城跡を訪ねた翌年三月初めに、甲府から中央線で甲斐大和へ行きました。景徳院を訪ねるためです。風の強い寒さの厳しい日曜日でした。景徳院は、勝頼らの菩提を供養するため、徳川家康の建てた寺で、勝頼らの最期の地である天目山に近い日川渓谷の田野にあります。

勝頼は、新府城から小山田信茂の誘いに応じて、大善寺で一泊後、小山田氏の居城である岩殿城

（大月市）へ向かいます。しかし、小山田信茂の裏切りで進退窮まり、この地で織田軍に追いつかれます。一五八二年三月十一日、嫡男信勝、北条夫人と共に自害し、数十名の家臣・侍女も命を落としたとされます。境内には、江戸時代に建てられた勝頼、信勝、北条夫人の墓、勝頼らが自害したとされる生害石のほか、家臣、侍女の供養塔などが残されていました。北条夫人の生害石の前に立つと、前年の秋に訪れた大善寺で知った『理慶尼記』の記述が思い出されました。『理慶尼記』には、北条氏康の娘の北条夫人は、小田原へ帰るようにという勝頼の勧めにもかかわらず、勝頼らと運命を共にしたと書かれているとのことでした。

勝頼は、母が諏訪氏の出身で、諏訪勝頼と名乗って高遠城に在城していましたが、信玄の長男義信の死により、武田家を継ぐことになります。織田・徳川の侵攻に対して、一族、譜代の家臣の多くが勝頼を見限り、戦闘らしい戦闘がほとんど無かったのに対し、高遠城に籠城した高遠衆と諏訪衆だけが激しく抵抗したとされます（『長篠合戦と武田勝頼』）。勝頼と運命を共にしたのが、嫡男、北条家から来た夫人、側近と侍女の数十名、高遠衆と諏訪衆だけであったということになると、勝頼の武田家当主としての孤独が思われます。

著者は、勝頼が、酷評されるようになるのは江戸時代以後であり、同時代人からは武勇に優れた将であると考えられていたとします。信長が勝頼の首級と対面して「日本にかくれなき弓取なれ共、運がつきさせ給ひて、かくならせ給ふ物かな」と述べたという『三河物語』の記述を紹介します（『長篠合戦と武田勝頼』）。著者の「長篠合戦」の再現によっても、勝頼が、凡庸な将でないとすれば、大きな兵力差があるにもかかわらず、一族、重臣の反対意見を斥けて、なぜ、開戦に踏み切ったのかという疑問がやはり残ります。

著者は、『長篠合戦と武田勝頼』の中で、勝頼は、武田家の当主となって以来、一族や重臣たちとの関係がうまくいっていなかったとします。そのため、信玄以上の求心力を家中に形成しようとする志向でその行動が一貫しており、開戦の決断も、信長・家康を撃破することで、当主としての権威を名実ともに確立し、諏訪勝頼を武田勝頼へ昇華させることが真意だったと論じます。「長篠合戦」の勝頼の敗因は、勝頼と信長・家康の間だけではなく、勝頼と武田家中の間にも伏在していたというのが著者の結論です。

景徳院を訪ねた日、本堂前には、数十本の旗が立てられていました。そのひとつひとつに勝頼と運命を共にした家臣たちの名が書かれています。三月十一日の勝頼の命日が迫っていました。早春の強い風にはためく音が時に人の声のように聞こえ、冷たい大気の中で耳に残りました。

（平山優『検証　長篠合戦』吉川弘文館　二〇一四年）

Ⅲ

矢野誠一『落語食譜』

「落語お好きなようですねえ。うちの店でやっている落語会へぜひおいでください」

女将さんの歯切れのいい下町言葉で勧められ、お店で開かれる落語会に通うようになって五年ほどになります。友人と落語の話をしているのが女将さんの耳にとまって、勧めてくれたようでした。東京高裁で、取引、財産、家族、交通事故、名誉棄損、税金などあらゆるトラブルについての裁判を扱う部署で裁判長を始めたころのことでした。お店は、日本料理で、銀座六丁目のビルの地下一階にあり、居心地のよさと美味しい料理に魅かれて通い始めて七、八年が経っていました。静岡出身でユーモアを愛する穏やかなご主人と、てきぱきとお店を切り回す女将さん、それに二代目の若主人と、家族でやっているお店ですが、すでに創業から三十五年を超えていました。

落語会は、一九八九（平成元）年から約二十六年間も続いています。毎月一回土曜日に三遊亭鳳楽師匠の古典落語を一時間ほど聴いた後、その日の演題にちなんだ旬の食材を使ったコース料理の会食を楽しみます。鳳楽師匠がしみじみと語る人情噺を、あまり広くないお店に作った臨時の高座で、顔見知りのお客さんたちと一緒に聴くと、登場人物の気持ちの動きがしっとりと伝わってくる感じがします。大きなホールで知らない人たちに囲まれ改まった感じで聴くのとはまた違った楽しみがあります。顔見知りになったお客さんは、いろいろな分野の人たちで、リタイアしている人もいますが、鳳楽師匠と落語が大好きで、落語に造詣の深い人たちばかりです。会食では落語の話が弾み、笑いの中でいろいろ教えてもらえます。ご主人と若主人があらかじめコース料理を用意するため、ふだんお店では味わえない珍しいお料理をいただける楽しみもあります。

この落語会へ出るたびに読み返すようになった本があります。矢野誠一『落語食譜』（青蛙房）です。この本は、開くたびに落語好きに贅沢で満ち足りた気分を味わわせてくれます。落語に関する評論活動やエッセイで知られる著者が、「芝浜」なら「福茶」、「寄合酒」なら「数の子」のように、落語と噺に登場する食材を語るエッセイを集めています。国立劇場演芸場のパンフレットに七十二回連載されました。各編は四ページくらいの短いものですが、落語の世界と共に生きてきた著者ならではと感じさせる話が、落語への深い愛情を感じさせる洒脱な文章でつづられています。

「世にも哀しい落語だって、あるのである」という書き出しの「鰻」という題のエッセイは、「鰻の幇間《たいこ》」の噺について、背景となる当時の鰻屋の商いぶりが語られます。

しがない野幇間の一八が、暑い土用の日盛りの街で、昼めしにありつこうと、ようやく浴衣がけの男をとりまいて鰻屋の二階に上がります。けれども男は、美味くもない鰻屋の勘定ばかりでなく、二人前の土産代まで払わずに逃げてしまい、一八は、これらを払わされてしまいます。おまけに、その朝買ったばかりの高価な柾目の下駄まではき逃げされてしまうのです。落語会で鳳楽師匠演ずる一八が浮かべた、愕然としながらも、騙された自分にも呆れているような表情が目に浮かびます。

一八は、馴染みでもない鰻屋に上がってこの災難にあいますが、著者は、土用の丑の日には、暖簾を誇る老舗の鰻屋のなかにあえて商売を休むところがあったと語ります。これを聞いて、たてこむと仕事が雑になるから休むのか、見上げた商人の心意気と、感心するのはまだ早いとして、若月紫蘭『東京年中行事』（東洋文庫）を引用します。『東京年中行事』は明治後期の著作ですが、当時、「鰻の切手」という、鰻に交換できる商品券が贈答などに使われていたようです。そして、『東京年中行事』には、「平生に出してある鰻の切手が、大抵この日一時に持ち込まれると言う風なので、品ははけるが現金が入って来ることが少ない為に、ずるい手段として休業する」「客の方では平生得意でもない鰻屋から、価が高くて不味《まず》い鰻を取るのだと聞いては、いささか呆れざるを得ぬ」と書かれていることを紹介します。

著者は、「なんのことはない、『鰻の幇間』で、野幇間の一八が哀しい目にあうなども、土用の日盛りという背景あっての上での出来ごとなのがよくわかる」と、一八の災難の背景を解説してくれます。

著者は、「鰻の幇間」について「桂文樂の至藝がなつかしい」と書いていますが、時代を代表する噺家やその芸談についても語ります。特に強い印象を受けるのは、「桜鯛」の噺と六代目三遊亭圓生を語る「鯛」という題のエッセイです。

お殿さまの食事は贅沢なもので、つけるのは一箸だけで、すぐに「かわりを持て」ということになります。ある殿様が、いままで「かわりを持て」などと申されたことがなかったので、所望はないものと決め込んで用意をしてなかったところ、鯛の塩焼きに一箸つけて「かわりを持て」と申されたので、三太夫は困ります。とっさの機転で「殿、庭の桜が一段と見事でございます」と言って、殿様の目が桜に行っているうちにすばやく鯛をひっくり返します。ところが、殿様がこれに一箸つけると、また「かわりを持て」と申されたので、三太夫がいよいよ困って思案していると、殿様が申されるには、「また、桜を見ようか」。

著者は、「桜鯛」の噺を聴くと一九七九（昭和五十四）年九月三日の自分の誕生日に七十九年の生涯を閉じた六代目三遊亭圓生のことを思い出すと書いています。三遊亭圓生は、この日、千葉県習志野の某結婚式場で開かれた自分の後援会発足の会で「桜鯛」を演じたあと、急に気分の不快を訴えてそのまま帰らぬ人になったというのです。

「桜鯛」は、落語会で鳳楽師匠がまくらに使うのを聴いた記憶があります。著者は、殿様の出てくる落語のまくらによく使われる、なかなか気の利いた小咄だが、このように一席の落語として演じられることもあるとします。「藝人が、舞台を終えたあと静かに息をひきとるというのは、なんだか兵士の戦死を思わせるものがあって、それ自体感動的である。だがそのこと以上に、昭和期の落語家を代表するひとりの最後の高座の演目が『桜鯛』であったというのが、なかなか惹《ひ》かれる事実なのだ」と語ります。「圓生が、国立劇場や歌舞伎座のような檜舞台で、人情噺の大作を演じて世を去るといった藝術家的な死に方をさけて、地方都市の結婚式場で、小咄に毛のはえたような『桜鯛』なんて落語をして去っていった姿勢が、藝人らしくて圓生のためによかったと思うのだ。人間は、そう簡単に、自分の死に方を選ぶわけにはいかないだけに、なおさらである」と語り、「死に方も藝のうちとか桜鯛」と結びます。

殿様の出てくる落語の中で、演題に「殿様」の入る噺もあります。「葱鮪」と題するエッセイで語られる「葱鮪の殿様」の噺です。

さる殿様が雪見にでかけます。上野広小路を通りかかると、一軒の居酒屋からうまそうな匂い。縄のれんをくぐり「床几を持て」と命じますが、あるのは醬油樽の腰掛け。殿様は、醬油樽に腰掛けて町人たちの食べている葱鮪と酒にすっかり満足します。あくる日、殿様は、庭の景色を見ながら酒盛りをすることになり、料理に葱鮪を注文します。料理番が驚きながら葱鮪を作って差し上げると、殿様は「醬油樽の腰掛をもて」と命じます。

著者は、葱鮪とは、長ネギと鮪のぶつ切りと豆腐の鍋料理のことであると解説します。そして、料理にもはやりすたりがあり、むかし頻繁に食卓にのぼった食べものでいつのまにか姿を消してしまっている食べものがあるとして、葱鮪を例にあげます。山本七平『昭和東京ものがたり』（読売新聞社）から、「鮪のトロなんざあ貧乏人がネギマにして食うもんで、旦那方の召し上がるもんじゃなかったんでさあね」と語る寿司屋の主人の言葉と、これをきいた編集者の「ネギマって何です」というやりとりを紹介します。著者は、古今亭今輔の「葱鮪の殿様」を何度かきいたことがあるので、「長ネギと鮪のぶつ切りと豆腐の鍋料理」のことをそう呼んでいることを知っていたが、葱鮪は食べたことがないと書いています。

鳳楽師匠の落語会をやっているお店では、落語会とは別に月に一回馴染みの客が集まり、旬の食材の料理を楽しむ「定例会」と称する会食をしています。時にご主人も加わってお酒をご一緒するような楽しい会ですが、ある年十一月の「葱鮪鍋」の会食に参加することができました。とても寒い土曜日の夕方六時にお店の暖簾をくぐると、顔なじみのお客さん五人がすでにビールを飲みながら談笑していました。間もなく三人が到着してにぎやかに会食が始まりました。テーブルにはネギやシイタケなどの野菜に加え鮪の切り身を豪快に載せた皿が置かれました。鍋があたたまると、ネギ、シイタケなど野菜と鮪も入りました。日本酒、味醂、出汁で煮た鮪はあっさりしていますが、ネギの香りが移って鮪のうまみがしっかり感じられ、ネギなど野菜にも鮪の味が移っています。体が芯からあたたまり、締めの雑炊もとても美味しく、これなら、お殿様が翌日もう一度食べたいといい出したのも納得の味でした。

著者の語るところは、落語や噺家の世界にとどまらず、辞書と国語の世界にまで及びます。「酢豆腐」の噺をとりあげる「豆腐」という題のエッセイです。著者は、「酢豆腐」を若旦那ものの傑作落語とします。

若い衆が昼日なかから集まって、暑気払いに一杯やる相談をしますが、みなここしばらく銭の顔を拝んだことのない連中なので、なかなか肴の算段がつきません。そのうち昨夜の豆腐に思い当たりますが、与太郎が豆腐を釜の中にしまいこんだため、取り出してみると変色してカビが生えています。気障な若旦那がこの豆腐を若い衆の前で食べるはめになりますが、その名を尋ねられて「まず、拙の考えでは酢豆腐でしょう」と答え、「若旦那、たんとおやんなさい」という若い衆の喝采を「いや、酢豆腐はひと口に限る」とかわします。この若旦那の「逃げきった意気は、お見事、気障の国から気障をひろめに来たような男の真髄を見る思いがして楽しい」と語ります。鳳楽師匠演ずる若旦那が「酢豆腐」を何とか口にする表情と、そこから立ち直って「ひと口に限る」と言い返す姿が目に浮かびます。

さて、このエッセイに教えられて、父から贈られた『広辞苑』の第一版（一九五五年）で「酢豆腐」を引いてみました。「①生豆腐に酢をかけた食品。②なまいきな人。きいたふう。半可通」とあります。ところが、『広辞苑』の第四版（一九九一年十一月）をみると、①は削除されて「(知ったかぶりをする人が酸敗した豆腐を『酢豆腐という料理だ』と称して食べたという笑話から）知ったかぶり。きいたふう。半可通」と改められ、この言葉の出典が落語「酢豆腐」であることにもふれています。

著者は、ひところ多くの辞書が「酢豆腐」の第一義に「豆腐に酢をかけた食物」という説明をあげていたとします。そして、「そんな食べ物があるなんてはなし、ついぞきいたことがないし」「だいいち、『豆腐に酢をかけた食物』なんて、試しに食してみようなんて気になりますか」、「どうやら世の国語学者とよばれる先生がたには、意味として正確でありさえすれば、たとえそれが存在しないものであっても、その言葉に市民権を与えたがる趣味があると見受ける」と論を進めます。そして『広辞苑』が第二版から「①生豆腐に酢をかけた食品」という説明を削除すると、その他の辞書もいっせいに右にならえをしたと説きます。雑誌「暮らしの手帖」が、辞書をテストした結果、「何冊もある辞書がおなじ言葉でまちがう」例がきわめて多いことから、「ある辞書を作るとき、なにかべつの辞書を参考にするのではないか」と推してみせた推測は的中していたようであるという結論に至ります。

半可通のことを「酢豆腐」というういい方は、落語が最盛期を迎えていた明治の中頃に寄席の楽屋で使い出した、いわゆる楽屋オチの言葉がたちまちひろまったものといわれるとした上、「言葉こそ比較的新しくはあるが、きいたふうな口をききたがる『酢豆腐』は、むかしからそれこそ掃いて捨てるほどいたにちがいない」と結びます。

「餅」という題のエッセイでは、「尻餅」の噺で夫婦の哀感が語られます。『尻餅』というのは、ペーソスにあふれたはなしだ」というわけです。

当時、餅つきを請け負う賃搗屋に頼んで正月用の餅をつくことがされていました。歳の暮れになって、周囲で景気のよい杵の音が聞こえるのに、貧乏長屋に住む夫婦には、亭主に甲斐性がなく、餅をつくことができません。女房が亭主にこぼすと、亭主が一計を案じます。亭主は、夜、隣近所にきこえよがしの大声で賃搗屋を自演したあげく、板の間にうつ伏せにさせた女房の尻を臼に見立てて手のひらを丸めて杵よろしくたたいて音をたてます。とうとう女房が痛がって「あとの二タ臼は白蒸《しらむし》で食べとくれ」というのがサゲになります。「尻餅」は、もともと上方落語の噺ですが、東京に移植した三遊亭可楽の演出では、「残りはお強飯《こわ》にしてください」がサゲの女房の台詞になるとします。落語会で聴いた鳳楽師匠の「尻餅」も、このサゲだった記憶です。鳳楽師匠の演ずる女房にはどこか艶っぽい風情のあったことが思い出されます。

著者は、大正末ころのある階級の典型的な餅つきの風景として、斎藤茂太『精神科医三代』(中央公論社)を引用します。青山脳病院の一九二四(大正十三)年十二月二十八日の餅つきの風景です。餅つきは、毎年の行事で出羽の海部屋から力士がやってきてハチ巻姿で餅をついたとあります。力士ばかりか、出入りの鳶の者、はては落語家、幇間までご贔屓の餅つきには急ぎ参上したというのです。かつて、餅つきというものがいかに大切な年の瀬の行事であったのかということがわかります。大切な餅つきだけに、こんな派手な道具だてはなくても、貧乏長屋でも、「隣近所はなんとか餅つきをしているのにうちは……」というのが女房のぐちとなるわけです。著者の聴いた東京の可樂、大阪の笑福亭松鶴の「尻餅」には、「暮の三十日の夜なかに、隣近所への見栄から、女房の尻をたたくところに、しがない長屋暮らしの哀感がにじんでいたように思う」と書いています。

著者は、国民学校四年生であった一九四五年正月の餅の思い出も語っています。敗戦の年の元日の朝、著者の家にあった餅を、親の使いで、同じとなり組の出生兵士の留守家族におすそわけに行ったときのことです。餅を手にして玄関に立っただけでその家の奥さんに泣き出されたというのです。

「餅」と夫婦を語るこんなエッセイを読んでいるうちに、裁判官になって二年目の一九七七年の暮れのことが思い出されました。松戸にあった築二十年以上の集合住宅三階にある狭い裁判官官舎でお米屋さんから届いたのし餅を切り分けていたときのことです。その年の五月に結婚した家内から大根の切れ端を渡され、包丁の刃を湿らせながら餅を切っていると、高校のクラスメイトだったこの人と所帯を持ったのだという実感がわいてきて、なんだかすこし胸が熱くなるのを感じました。

（矢野誠一『落語食譜』青蛙房　一九九二年）

アーザル・ナフィーシー『テヘランでロリータを読む』

「審議官、ロリータとかいう題の本が送られてきましたけど」

庶務を担当する実直なスタッフが戸惑ったような表情を浮かべて訟務総括審議官室へ入ってきました。東京地裁の破産再生部の裁判長を終え、法務省へ出向していたときのことです。国が当事者となる裁判のことが仕事になっていました。渡された本を見ると、アーザル・ナフィーシー『テヘランでロリータを読む』（市川恵里訳　白水社）でした。前の週の金曜日にバーで交わした会話を思い出しました。

そのバーは、銀座の新橋寄りにあって、私と同じ歳生まれのマスターがカウンターの中に立ち、お客が十名を超えると満員になるような小さなお店でした。私は、東京地裁の裁判長のころから、縁があって仕事帰りに月二回くらい一人で立ち寄るようになっていました。金曜日、その週の仕事に区切りをつけて、夜の八時ころから一時間半くらいの間、マスターや顔見知りになった常連さんたちと話しながら、カクテルか水割りを二杯くらい飲んで帰るようになりました。

お客さんは、マスターがかつて働いていた広告デザイン業界のデザイナー、写真家のほか、編集者、経営者とさまざまで、歯医者さんのような自営業の人もいました。私と同年配の人が多く、私が立ち寄る金曜日には、忙しそうな立場の人たち誰もが一人で来ていました。映画好きが多く、映画が共通の話題になっていたように思います。映画好きの父に、小学校へ上がる前から映画館へ連れて行かれるような育ち方をしていましたので、映画の話にも楽しく加わることができました。英国留学から帰国後、現在の英国を知る手掛かりを得たいという気持ちもあって、最新の英国映画を見ることを心掛けていましたが、このバーに行くようになってからは、東京で上映される新作を見逃さないように一層気をつけるようになりました。

そんな常連さんたちの中に、私とほぼ同年配の編集者がいました。隣に座ると、映画ではなく本の話をすることが多くなりましたが、前の週の金曜日に隣の席で「大竹さん。今度ぜひ感想をお聞きしたい本があるので、お送りしますよ」と言っていたのを思い出しました。

『テヘランでロリータを読む』は、イラン出身の英文学者で、刊行時、米国で大学教授をする女性の作品です。一九七九年のイスラム革命から十八年間をテヘランで暮らした経験を英文で綴った回想録の全訳で、訳者は、「文学的回想録」と紹介しています。著者は、一九五〇年ころ、父がテヘラン市長、母が国会議員を務めたことがあるエリートの一家に生まれ、十三歳から海外留学して欧米で教育を受けます。イスラム革命勃発直後にイランへ帰国して、テヘラン大学の教員になり、英文学を教えます。革命後の政治抗争の中で、厳格なイスラム教の教義を唱える指導者の支配が強くなって、女性の社会的活動への制約が大きくなっていきます。

著者は、このようなイスラム革命の方向に批判的な立場をとります。一九八一年にはベールの着用を拒否してテヘラン大学を追われ、その後、別の大学で教鞭をとりますが、一九九五年にはその大学も辞職します。そして、優秀な女子学生七名を自宅に集めて、文学について話し合う研究会を始めます。研究会は、著者が米国へ移住する一九九七年まで続きますが、イランで当時禁じられていた英米の小説を主にとりあげます。その中に、ナボコフの『ロリータ』もあり、「テヘランでロリータを読む」ことになるわけです。

作品は、「ロリータ」と題する第一部、「ギャツビー」と題する第二部、「ジェイムズ」と題する第三部、「オースティン」と題する第四部からなります。第一部では研究会の始まりと発展、第二部では著者のテヘラン大学解雇、第三部ではイラン・イラク戦争と著者の大学の教壇への復帰、第四部では研究会のその後と著者のイラン出国などの出来事を背景として、章題とされた作品や作家が語られます。

この時代のテヘランで実際に何が起こったのかを知るのは容易ではないように思いますが、この作品は、歴史の証言として迫力に富むものです。大学を舞台とするイデオロギー闘争、厳格な教義を唱えるイスラム教指導者の支配が強まり、著者やその周辺、女子学生の自由の制限となって表れてくる様子、逮捕され、命を落とす教え子、留学時代の知人の処刑、イラン・イラク戦争下でミサイルが着弾するテヘランの日常生活などが臨場感をもって語られます。

けれども、この作品に特に魅かれるのは、著者が文学の力について語るところです。著者によれば、英米の古典小説を読み、「作品に反応する」ことで、読者は、テヘランに生きることの「真実があらわになる瞬間」をとらえ、これを明確に表現することばを見つけることになります。そして、テヘランの現実が作品の見直しを促して、作品に新しい光をあて、テヘランに暮らす著者たちの『ロリータ』になるというのです。これは、「ロリータ」の第一部、「ギャツビー」の第二部で特に鮮やかに語られます。

第一部「ロリータ」は、二枚の写真から始まります。一枚の写真では、研究会の女子学生たちが、当時のイランの法律に従って、顔と手以外をコートとスカーフで全て覆った外出着を着ています。もう一枚では、研究会に参加しているときの色鮮やかで個性的な服装です。

当時、検閲官や、革命防衛隊を通して、厳格なイスラム教の教義に基づく規制が日常生活の隅々まで及んでいたとします。文学作品の価値は否定され、イデオロギーに奉仕する場合だけ重要視されるというのです。検閲官は、「詩人の向こうを張って現実を組み換え」て作り直し、検閲官の作り直した世界では、現実のみならず、フィクションまで色彩を失い、奇妙なモノクロームの色合いをおびていたとします。

著者は、このような作り事が生活を支配する世界、コートとスカーフで覆った外出着の世界を「閉ざされた空間」と名付け、研究会で読むフィクションの世界、色彩に富んだ個性的な世界を「開かれた空間」と名付けます。研究会は、境界線を踏み越えて、「開かれた空間」である偉大な小説の世界へ向かう入口になったというのです。著者は、研究会で、二つの空間を行き来することで、「自分も生きた人間なのだとあらためて気づ」き、「画一的なくすんだ服装の中にさりげなく色彩を加え」たと書いています。

著者は、ナボコフの『ロリータ』を「十二歳の少女をわがものとし、虜とするために、その母シャーロットを間接的に死に至らしめ、少女をだまして、二年間小さな恋人として囲いつづける男の小説」と要約します。イスラムの道徳律を日常生活の隅々に及ぼそうとするイスラム革命の進むテヘランと、およそ道徳律と縁のなさそうな考えをもち行動を重ねる男の語る『ロリータ』の物語は、一見かけ離れた印象がありあます。この『ロリータ』を読んで、「作品に反応する」ことで、どのようにして、テヘランに生きることの「真実があらわになる瞬間」をとらえ、これを明確に表現することばを見つけられるというのでしょうか。

著者は、ナボコフの『ロリータ』を、「あらゆる全体主義的な物の見方に反する」書であると読み解きます。ロリータの悲哀は、単に彼女が現在と未来の自由を奪われているばかりでなく、彼女を捕えた男が、彼女を死に分かれた恋人の生まれ代りにするため、彼女の過去を奪い、彼女自身の生を諦めさせて、与えられる生を受け容れさせようとすることにあるとします。著者は、イラン革命が全体主義的革命であるとしますが、「二〇世紀の全体主義的革命と異なるのは、それが過去の名においてやって来たという点にある」とします。そして、革命後、「まず撤廃された法律は家族保護法で、これは家庭および職場における女性の権利を保証する法律だった」として、イランの女性たちは西洋的近代化が推進されたパフラヴィー王政下で得た権利を失い、革命によって過去を奪われたと書いています。

こうして、イランに住む女性たちは、現在の政治指導者から過去の真実を奪い去られており、過去の真実は、現在の指導者にとっては、無意味なものになっているとします。これは、ロリータを捕えた男にとって奪い去ったロリータの過去が取るに足りないものであったのと同じようなものであるとします。そして、著者や女子学生たちが、外の世界では、ムスリム女性という体制側の定義から決して自由になることはできず、その意味では、『ロリータ』のように他者の夢の産物にされており、このことが『ロリータ』を読み、「作品に反応する」ことで一層はっきりしてくると読み解いてみせます。

女子学生たちの個人的な秘められた悲しみや喜びが、研究会の『ロリータ』の議論に影響することになります。こうして、『ロリータ』には、テヘランの現実の中で新たな生命が与えられ、読み直されます。研究会の参加者は、『ロリータ』を読み、議論して「作品に反応する」ことで、テヘランに生きることの「真実があらわになる瞬間」をとらえ、これを表現することばを見つけ出すことになるというのです。

著者は、ナボコフの『断頭台への招待』の中で、主人公が看守から押し付けられる言葉とは違うみずからの独自の言葉をはっきりと語り、作り出そうとする試みが最後の瞬間に救いをもたらすと語って、「ロリータ」の章を終えます。

第二部「ギャツビー」は、フィッツジェラルドの『グレート・ギャツビー』をとりあげたテヘラン大学の授業が語られます。著者は、学生たちに対し、『グレート・ギャツビー』を「美しい金持ちの娘を熱愛し、裏切られる夢想家の男の物語」と要約して、アメリカの夢を語る典型的なアメリカ小説であると説明します。

イスラム革命の推進に熱心な男子学生が、『グレート・ギャッビー』を拝金主義で不道徳な小説であると攻撃すると、著者は、ギャッビーにとっては、富は、それ自体が目標ではなく、富に近づくことが夢を手に入れるための手段であると解説します。そして、夢のせいで、ギャッビーは想像と現実を区別する力を失い、その非現実性が夢を純粋にする一方、ギャッビーを破滅させることになると語ります。

著者は、「物語の背後にある思想は、小説を味わうなかで感じられるもので、小説の上にくっついているものではありません」と学生を諭します。そして、小説は、もうひとつの世界の官能的な体験であり、その世界に入り込んで、登場人物とともに固唾をのんで彼らの運命に巻き込まれなければ、感情移入はできません、「感情移入こそが小説の本質なのです。小説を読むということは、その体験を深く吸いこむことです。さあ息を吸って。それを忘れないで」と結んで授業を終えます。

ギャッビーが夜な夜な開く豪華なパーティにも見られるように、この小説の描く人びとと生活は、厳しいイスラム革命の進むテヘランとはかけ離れた印象があります。けれども、著者は、このような『グレート・ギャッビー』を読み、「作品に反応する」ことでも、テヘランに生きることの「真実があらわになる瞬間」をとらえ、これを明確に表現することばを見つけることができると考えているようです。

著者は、イランに生きる著者たちとフィッツジェラルドに共通するのは、現実を支配するに至った夢だとします。著者たちの現実を支配している夢は、イスラム革命の夢ということになるのでしょう。どちらの夢も、恐ろしくも美しい実現不可能な夢であり、夢のためにはどんな暴力を使ってもかまわないように思わせるような夢だとします。著者は、夢が、完全な理想でそれ自体は完璧ですが、絶えず移り変わる不完全な現実に押し付けようとすれば、『ロリータ』を捕えた男のように対象を踏みにじるか、『ギャツビー』のようにみずから破滅することになると語ります。

著者は、テヘラン大学の教室を出るときに、自分たちの運命がギャツビーの運命にいかに似てきたかということがようやくわかりかけてきたと書いています。ギャツビーは、「過去をやりなおすことで夢を実現しようとしたが、結局、過去は死に、現在はまやかしで、未来は存在しないことを知る。これは私たちの革命に似ていないだろうか？」

この作品では、偉大な小説の力、文学の力に対する無私の信頼が繰り返し語られます。著者は、研究会の第一回で、「文学の力に対する私たちの無私の信頼によって、このもうひとつの革命が生み出した重苦しい現実を変容させることができるかどうか見てみましょう」と語ります。最初に『千夜一夜物語』をとりあげ、シャハラザードが巧みな物語を語ることで、王による女性たちの殺害を止めたことについて、想像力と考える力によって自分の世界を形作る力が、シャハラザードを他の登場人物とは異なる存在にすると説きます。そして、著者は、切迫したテヘランの現実の中で『ロリータ』や『グレート・ギャツビー』をこのように読み解いて、著者のいう「フィクションの中に」「真実があらわになる瞬間」をとらえようとしますが、その筆致はスリリングで、この作品の一番の読みどころになっているように思います。それは、知っているつもりの文学作品に新しい光があてられる瞬間でもあります。

文学の力で、女性の社会的活動を抑圧するイスラム革命の方向に立ち向かおうとする著者の姿は、強い印象を与えますが、このような姿勢は、欧米的な素養ばかりでなく、ペルシャの名門知識人の家に流れる伝統にも支えられているような気がします。著者は、出身のナフィーシー家が、八百年前から文学と科学の貢献で知られてきた家だとします。著者は、テヘラン大学を追われた後ペルシャ古典文学を読む研究会に参加しますが、アラブ人に敗れたペルシャ人は、「焼かれ、略奪された歴史を、神話と言葉によってふたたびつくりあげることで復讐をとげた」という話を思い出したと語ります。そして、父から、イラン人の本当の歴史は詩の中にあると聞いたと書いています。

この研究会の題材の中にハイヤームがあるのを読み、また、著者の父の話を読んで、オマル・ハイヤーム『ルバイヤート』（小川亮作訳　岩波文庫）の「解説」を思い出しました。そこでは、オマル・ハイヤームは、「烈々たる批判的精神によって固陋な宗教的束縛から人間性を解放し、あらゆる人間的な悩みを哲学的ペシミズムの純粋さにまで濾過《ろか》し、感情と理性、詩と哲学との渾成になる独自の美の境地を開発したヒューマニスト思想家であった」とあります。池内恵『現代アラブの社会思想』（講談社現代新書）では、中東のイスラム圏の中で使用されるアラビア語以外の主な言語は、クルド人に使用されるクルド語のほか、トルコで使用されるトルコ語とイランで使用されるペルシア語であるとします。中東のイスラム圏の中で、イランは信仰されているイスラム教の宗派ばかりでなく、文化的にも他の地域と際立った特色のある地域なのでしょう。

「ロリータ」の章の終わり近く、学生の一人が、『ロリータ』のような悲劇的な物語が私たちを喜ばせるのはなぜなのでしょうか、こんなひどい話を読んで喜びを感じるのはつみ深いことなのかと質問しますが、著者の答えが心に残ります。著者は、ナボコフの言葉を引用して、すべての優れた小説は、目の前の限界を突破する可能性を与え、ある意味では現実には否定されている自由を与えると語るのです。

これを読んだとき、多田茂治『石原吉郎「昭和」の旅』(作品社)を読んで抱いた疑問を思い出しました。この作品は、詩人石原吉郎が詩や俳句を作りながらシベリアの過酷な抑留生活を生き抜く姿が描かれていますが、「精神の崩壊は肉体の死滅も招きやすい。精神的に高い生活をしていた者が、弱い肉体を持ちながら、体力のあった者より生きのびたケース珍らしくない」と説かれています。詩や俳句のような文学が体力や強い肉体以上に極限の生活を生き抜く力を与えるのはなぜなのかと考え込みましたが、『テヘランでロリータを読む』からこの疑問を解く手掛かりを得たような気がします。

『テヘランでロリータを読む』は、偉大な小説を読むことが、読み手に与える変化についても語ります。これは、その後読んだ同じ訳者によるアラン・ベネット『やんごとなき読者』(白水社)もテーマとしている問題です。『やんごとなき読者』は、英国女王がたまたま宮殿に来た移動図書館で本を借りたことから、読書の楽しさを知り、読書が女王の考え方や行動に変化を与えることから起こる騒動を上品なユーモアに包んで描いた小説です。これを読んだとき、主人公は、英国女王というより、むしろ「読書」ではないかと感じましたが、その意味では、『テヘランでロリータを読む』でも、「読書」が重要な登場人物ということになるのかもしれません。

著者の語るエピソードの多くは心に重く響くものです。けれども、著者が米国へ出発する間際、焼き菓子店でかつての教え子に声をかけられる話は、作品の張りつめた空気をやわらげてくれます。

著者は、その教え子がムスリム学生協会の熱心な活動家で、著者を悩ませたムスリム学生協会の大物とつきあっていると噂された女子学生であったことを思い出します。著者の思い出す彼女は、英文学の登場人物にイスラムの教義をあてはめて猛烈に攻撃します。著者は、ヘンリー・ジェイムズの『デイジー・ミラー』のヒロインの中に、社会のしきたりに反抗する勇気を見出しましたが、彼女は、『デイジー・ミラー』にも反発して「デイジーのことを不道徳なばかりでなく、愚かで『無分別』だと見なして」おり、著者は心の中では、彼女を見捨てた気でいたことまで思い出します。

ところが、彼女は、著者に対して、卒業してみると大学や授業の議論がなんともいえずなつかしく、十一か月の娘に、先生にちなんだ秘密の名前、デイジーをつけたと語ります。「どうして」という著者の問に、彼女は「娘に私が決してなれなかった人間に――デイジーのような人になってほしいんです。勇気のある人に」と答えます。著者は、噂のことを思い出して、別れ際にちょっとためらってから、結婚相手を尋ねます。彼女は、「コンピュータ業界にいます。それに開けた人なんです」と笑顔で付け加えます。偉大な小説の力は、思いがけない人たちに対しても、長い時間の中で静かに働きかけ、動かすものかもしれません。

「部長、知り合いの歯医者さんという人から、『あの店が今日閉まることを伝えてくれ』という電話がありました。なんだかとっても大切な話ということでした」

法廷を終えて裁判官室へ戻ると、スタッフの一人が怪訝な表情を浮かべて裁判官室で待っていました。法務省への出向を終えて裁判所へ戻り、甲府の裁判所所長を経て、東京高裁の裁判長をしていたときのことです。その歯医者さんは、どうやら例のバーの常連のようでした。

その夜、バーへ行ってみると、すでに大勢のお客さんで満員状態でした。顔見知りのお客さんたちが席を詰めて、私を座らせてくれました。マスターに確かめると、やはりその晩で閉店するというのは本当でした。いつものように静かに営業して閉店したかったのに、常連客のひとりに口止めして教えたところ、皆に広まってこの騒ぎだと苦笑していました。顔見知りのお客さんたちと、閉店を残念がりながら、思い出話に最後の夜を過ごしました。別れ際、初めて、お客同士で名刺を交換して、携帯電話の番号を交換しました。

携帯電話が鳴ったのは、その一週間ほど後でした。

「大竹さん。あのバーの常連で集まって飲み会をしてはと思うのですが、来ませんか」

「いいですね。ところで、バーのお客のＯＢ会の会場はどんなお店になるのですか」

「銀座に風情のある居酒屋を知っています。ご期待下さい」

（アーザル・ナフィーシー『テヘランでロリータを読む』市川恵里訳　白水社　二〇〇六年）

渡辺京二『逝きし世の面影』

富士山の五合目から浅間神社まで歩いて下りるのはなかなかの難行でした。富士山を信仰する人たちが江戸時代に歩いた旧登山道をたどってみたくなり、家内と河口湖五合目のバス停から富士吉田市の北口本宮浅間神社まで旧登山道を半日がかりで歩きました。甲府の裁判所の所長をしていた二〇〇九（平成二十一）年八月の休日のことです。

富士吉田市を何度か訪ねて、富士山信仰で重要な役割をはたした御師の家などを見るうちに、信仰のために富士山に登る人たちに興味をもちました。その日は時々小雨が降り、途中、浅間神社の登山口から登ってきた外国人の若者二組に出会っただけでした。旧登山道は、ところどころ石畳が敷かれ、道のここかしこに道路修理用の石が積まれていました。

廃屋になっている茶屋の傍らを通り、荒れ果てた社を過ぎて歩く間にだんだん江戸時代へタイムスリップするような気分になります。そろそろ体力の限界と感じ始めたころ、ようやく、旧登山道の入り口であった浅間神社の裏へ着きました。

まず目についたのは、立派な慰霊碑でした。富士山を信仰する登山中に亡くなった人たちを慰霊するもので、病気の回復を祈って不調をおして登山した人もあるようでした。境内には、登山の記念に寄進された石碑がたくさんあって、高齢で何度も富士山へ登った人のいることがわかりました。

鬱蒼とした緑に包まれた境内で、さまざまな石碑を見る間に、信仰のため苦しい登山をした人たちの姿をもう少しくわしく知りたくなりました。甲府の裁判所から東京高裁へ転勤後、渡辺京二『逝きし世の面影』（平凡社ライブラリー）を読んでいると、そんな富士登山をする人の姿に出会えました。

明治三十年代富士山に登った英国人写真家ポンティングが、火口で七十をこえた老婆に出会います。彼女は、山頂に達するのに七日もかかり、仲間の巡礼にもすっかり遅れて、たった一人で火口縁を回っていました。ポンティングは「彼女の皺だらけの姿は、本当は気高い不屈の魂を包み隠す俗世間の衣に過ぎないのだ」と書いています。この作品は、幕末から明治にかけて外国人の目に映った市井の人たちのこんな魅力的な姿を生き生きと描いています。

『逝きし世の面影』は、「私はいま、日本近代を主人公とする長い物語の発端に立っている。物語はまず、ひとつの文明の滅亡から始まる」と語ってスタートします。滅亡した「文明」とは、「一八世紀初頭から一九世紀にかけて存続した我々の祖先の生活」の総体です。それは、「ある特定のコスモロジーと価値観によって支えられ、独自の社会構造と習慣と生活様式を具現化し、それらのありかたが自然や生きものとの関係にも及ぶような」ものでした。この文明は、「明治末期にその滅亡がほぼ確認されていたことは確実である」とされます。

著者は、「滅亡した文明」の姿を、幕末から明治に日本を訪れた外国人たちの記録に現れる人びとの姿から描き出します。読み進むうちに、幕末明治の日本を旅するような感じがしてきますが、外国人たちの記録を通して目にするのは、楽しげな市井の人びとの表情、耳にするのは屈託のない笑い声です。知っているこの時代の日本とは別の世界を旅するような気分がしてきます。幕府の統制が人びとの生活のすみずみにまで及び、上下関係も厳格で、市井の人びとが貧しく窮屈な暮らしをしていたという江戸時代のイメージとは随分違う印象です。

人びとは、簡素な生活を送りながら、機嫌よく、礼儀正しく暮らしており、身近なことに喜びを見出し、子どもたちを無条件で愛し、幸福そうな表情をしており、何とも魅力的な社会を目にすることになります。

このような文明が滅亡したことについて、日本人は十分に自覚せず、近代以前の文明はただ変貌しただけで、時代の装いを変えて今日まで続いていると信じているのではなかろうかと著者は語ります。そして、日本の近代が前代の文明の滅亡の上にうちたてられたという事実を鋭く自覚していたのは、むしろ同時代の異邦人たちであるとします。

では、異邦人たちはどのような記録を残したのでしょうか。著者は、十九世紀中葉、日本の地を初めて踏んだ欧米人が最初に抱いたのは「この国民はたしかに満足しており幸福であるという印象だった」と語ります。ペリー提督は、下田に立ち寄って「人びとは幸福で満足そう」だと感じ、初代の駐日英総領事オールコックは、「日本人はいろいろな欠点をもっているとはいえ、幸福で気さくな、不満のない国民であるように思われる」と書いています。

そこで、疑問になるのは、貧しいはずの幕末の日本で、なぜ、「人びとは幸福で満足そう」に見えたのかということです。著者は、当時の欧米人の著述が、民衆の生活の基本的な衣食住に関する豊かさを記録していることを指摘します。米国の初代駐日公使となったハリスが下田の近郊を観察して、「この土地は貧困で、住民はいずれも豊かでなく、ただ生活するだけで精一杯で、装飾的なものに目をむける余裕がない」としながらも、「それでも人々は楽しく暮らしており、食べたいだけは食べ、着物にも困ってはいない。それに家屋は清潔で、日当りもよくて気持がよい。世界のいかなる地方においても、労働者の社会で下田におけるよりもよい生活を送っているところはあるまい」と記していることを紹介します。

このような基本的な衣食住の豊かさを支えていたのは、農業生産の進展であるとします。「平地から段丘に至るまで作物で覆われた景観、整備された灌漑施設と入念な施肥、土地の深耕と除草」という外国人たちの観察結果を紹介します。また、支配階級の人たちが宝石をちりばめたような豪華な服を着る他国と比較すると、将軍をはじめ上級の武士の服装が質素で市井の人びととの間で差が小さく、家具の少ないことで外国人を驚かせた住居の簡素さも指摘します。そして、オールコックが「全生活に及んでいるように思えるこのスパルタ的な習慣の簡素さ」と語った質素な暮らしぶりが、低物価にも助けられて、暮らしやすさを支えていたというのです。

一八七三（明治六）年に来日し、四十年近く日本で暮らしたチェンバレンが、日本には「貧乏人は存在するが、貧困なるものは存在しない」と書いていることについて、著者は、「日本では貧は人間らしい満ちたりた生活と両立すると彼は言っているのだ」と解説します。そして、外国人たちがこのような印象をもった理由のひとつが、日本と比較したのが「初期工業化社会が生み出した都市のスラム街、そこでの悲惨な貧困と道徳的崩壊」であったことを指摘します。そして、「当時の日本の貧しさは、工業化社会の到来以前の貧しさであり、初期工業化社会に特徴であった陰惨な社会問題としての貧困とはまったく異質だった」と解き明かします。

「人びとは幸福で満足そう」と見えたのは、衣食住の問題だけなのでしょうか。著者は、当時の社会の人と人の関係の重要性を指摘します。外国人たちは日本の庶民の家屋がまったくあけっぴろげであるのに度胆を抜かれます。「どこかの家の前に朝から晩まで立ちつくしていれば、その中に住んでいる家族の暮しぶりを正確につかむことができる」「夫婦喧嘩をはじめ、ほかのありとあらゆる葛藤の場面が見てとれる」というフランス海軍の一員の記録を紹介します。そして「家屋があけっぴろげというのは、生活が近隣に対して隠さず開放されているということ」で、このことから「近隣には強い親和と連帯が生じ」、「開放的で親和的な社会はまた、安全で平和な社会でもあった」として、江戸時代ふつうの町屋は夜戸締りをしていなかったという外国人の記録を紹介します。このような開放的で親和性の強い社会は、争いの少ない和やかな社会でもあって、そこで生きる人びとは、群衆となっても機嫌よく、たがいに礼儀正しく、外国人に対しても心を開いて親しげに接したことが記録されているというのです。そして、日本人の礼儀正しさは、「この世を住みやすいものにするための社会的合意だった」という外国人の観察を紹介します。

幕府の統制が生活の隅々まで及んでいた社会であるとすれば、「人びとは幸福で満足そう」には見えないと思われますが、著者は、当時の社会には民衆の共同団体に自治の領域があったと論じます。そして、外国人たちが幕府の抑制的な権力の行使に戸惑いを感じた記録を紹介します。彼らは、ある町の住民と隣町の住民が隊伍を組んで争う騒動があっても、幕吏がこれを阻止しようとしないことを目撃した記録を残しています。

著者は、「幕府権力は年貢の徴収や、一揆の禁令や、キリシタンの禁圧といったいわば国政レベルの領域では、集権的な権力として強権を振るったのであるが、その代償といわんばかりに、民衆の日常生活の領域には、やむをえず発するそして実効の乏しい倹約令などを例外として、可能なかぎり立ち入ることを避け」ており、「民衆の共同団体に自治の領域が存在し」、「その自治は一種の慣習法的権利として、幕藩権力といえどもみだりに侵害することは許されぬ性質を保有していた」と説きます。

また、この時代が、上下関係が厳格で窮屈な暮らしを強いられる社会であるとすれば、「人びとは幸福で満足そう」には見えないと思われますが、著者は、一八二〇年代に出島オランダ商館に勤務したフィッセルの記録を紹介します。彼は、日本では「上級者と下級者との間の関係は丁寧で温和であり」と書いていますが、幕末から明治に訪日した外国人たちもこれと同じような感想を記していることを紹介します。たとえば、明治中期には「アメリカとくらべると使用人と雇い主との関係はずっと親密で友好的です。しかも、彼らの立場は従属的でなく、責任を持たされているのはたいへん興味深いことだと思います」と記され、「家庭内のあらゆる使用人は、自分の眼に正しいと映ることを、自分が最善と思うやりかたで行う」のであり、料理人に羊肉を買うように命じても、牛肉の方が安価であり、主人のためになると考えれば牛肉を買ってくるというチェンバレンの記述を紹介します。

著者は、「欧米人たちは江戸期の日本に、思いもかけぬ平等な社会と自立的な人びとを見出した」として「彼らが見たのは」、「支配の形態はきわめて穏和で、被支配者の生活領域が彼らの自由にゆだねられているような社会、富める者と貧しき者との社会的懸隔が小さく」「親和感に貫ぬかれた文明だった」とまとめます。

著者は、これらの人びとの姿は、すでに滅んでしまった文明の姿であり、「私の意図するのは古きよき日本の愛惜でもなければ、それへの追慕でもない。私の意図はただ、ひとつの滅んだ文明の諸相を追体験することにある」と語ります。著者は「ひとつの滅んだ文明の諸相」を、社会の様々な面から「追体験」を試みますが、とりわけ、心惹かれるのは、オールコックが「子どもの楽園」と表現した子どもたちの姿です。

外国人たちは、日本の市街が、子どもであふれ、子どもたちが、周囲の交通も気に留めることなく、遊びに没頭し、歩行者、車夫、運搬夫が、独楽を踏んだり、羽根の飛ぶのを邪魔したり、紙鳶《たこ》の糸を乱さないために少しのまわり道をいとわないことを知っていると驚きをもって記録します。人びとが子どもに体罰を加えることがないと驚き、それなのに、子どもが親に対し従順であると感心します。大人たちは、どこに行くにも子どもを連れて行き、大人が遊んでいる間に子が留守番をすることもないとされ、英国の箱館領事が、奉行所の役人をディナーに招待したところ、奉行格の役人から、領事の子が同席していないことをいぶかられたというエピソードも紹介されています。

著者は、江戸時代の大人と子どもの分割線の配置が現代と異なり、子どもは、子ども独自の遊びの世界を持つと同時に幼いときから大人の友であり、友人であったと解説します。

これを読んで、英国留学時代、英国の社会が「子どもの楽園」とはとてもいえないという印象をもったことを思い出しました。私たち一家が住んでいたフラットは、複数の三階建ての建物が芝生を植えた美しい緑の中庭を囲む構造で、周囲に子どものいる家族もありました。けれども、恰好の遊び場になりそうな芝生を植えた中庭が「子どもであふれ」「交通のことなどすこしも構わずに、その遊びに没頭する」風景はなく、子どもたちが歓声を上げて遊ぶ風景さえ、一年間の滞在中一度も目にすることがありませんでした。中庭は、大人たちが静かに緑を楽しむ場所と考えられているようでした。

子どもの出す音にも厳しいようです。ある日、呼び鈴が鳴って、私たち家族の住むフラットのドアを開けると三十代半ばの男性が郵便を手にして立っていました。彼は、まず、この郵便はお宅宛ての郵便ですかと丁重に質問した上、ふと思いついたかのようなさりげない口調で、自分は、下の部屋に住んでいますが、夜の仕事で昼間寝ているので、床を強く踏む音がすると眠れなくて困惑するのでと、やんわり苦情を述べました。私たち夫婦は、前日三歳の息子が昼間室内を走り回ったことを思い出して恐縮しました。英国人裁判官からの夕食の招待も、坊ちゃんもご一緒にと言っていただいたのは、奥様が日本人の裁判官だけで、それ以外はすべて夫婦だけの招待でした。このような社会で暮らしてきた外国人たちから見れば、日本は、さぞかし不思議な世界に見えたのだろうと思います。

著者が取り上げる記録の中には、日本人の書いたものもあり、私の読んだ作品もありました。そのひとつである山川菊栄『覚書幕末の水戸藩』（岩波書店）は、山川菊栄氏が親類や故老から耳にした話などから幕末の水戸藩の出来事を記したものです。裁判官になった直後に読んで、幕末の出来事が昨日のことのような臨場感をもって描かれているのに魅了された記憶があります。『逝きし世の面影』では、山川菊栄氏の親類のおばあさんと飼い猫の話が紹介されます。おばあさんが飼い猫に向かって「私の帯もこう古くなってシンまで出ては困ったものだ。新しいのにかえたいねえ」と愚痴をこぼします。すると、その猫が、二、三日後に新しい帯をズルズル引きずって来たというのです。著者は、滅び去った文明は、犬猫や鳥類を、ペットとして飼育する文明だったのではなく、人間と苦楽をともにする仲間であり、生をともにする同類と考えていたのだと解説します。

著者は、従来、日本人研究者たちは、外国人たちの記録が、事実を正確に認識して記録したものではないと考え、歴史資料として十分顧みていなかったとします。外国人たちは、幕府の統制を見逃して、幕府がみせたいと考えたものだけをみているとか、出身国に流布していたステレオタイプの日本論に影響されて、本で読んだものだけをみているなど強く批判していたというのです。

著者は、研究者たちのこれらの批判が実証性に欠けるのではないか、予断はないのかと問います。そして、「滅んだ古い日本文明の在りし日の姿を偲ぶには、私たちは異邦人の証言に頼らねばならない。なぜなら、私たちの祖先があまりにも当然のこととして記述しなかったこと、いや記述以前に自覚すらしなかった自国の文明の特質が、文化人類学の定石通り、異邦人によって記録されているからである」と論じます。これを読んで、思い出したのが、杉本鉞子『武士の娘』（大岩美代訳筑摩叢書）に書かれていたエピソードです。『武士の娘』は、ラジオの朗読の時間で知った家内に教えられ、新婚時代に読んだ記憶があります。

杉本氏は、一八七三年長岡藩の家老の家に生まれ、その後、兄の親友でアメリカ東部で貿易商を営む杉本氏に嫁いで渡米します。婚約が調ったとき、幕末の動乱を生き抜いた祖母から「住むところは何処であろうとも、女も男も、武士の生涯には何の変りもありますまい」と教えられるような教育を受けています。そんな杉本氏は、在米中、教会の婦人会で寄付金を集めたとき、米国人の家庭では夫が家計を管理しており、妻には婦人会への寄付金の支出の権限さえないことを知って、家計の管理をすべて妻がする日本の習慣との違いに驚きます。これも、日本人である杉本鉞子氏であればこそ記録に残されたものではないでしょうか。

一方、著者は、今日の日本史研究の中には、著者の考えを裏付けるものがあるとします。たとえば、フィッセルが、日本では「上級者と下級者との間の関係は丁寧で温和であり」と書いたことについて、著者は、「フィッセルのこのような言明は、ひと昔前ならば、鼻先で笑いとばされるのが落ちだったろう。だが今日の日本史学は、多くの点でこのフィッセルの言明を承認せざるをえない地点にたどりついている」として、「笠谷和比古の最近の研究が細かく裏づけているところだ」と論じます。「笠谷和比古の最近の研究」とは、笠谷和比古『主君「押込《おしこめ》」の構造』（平凡社選書）などをさすようですが、『主君「押込《おしこめ》」の構造』は、最高裁の調査官室勤務時代に読み、私の江戸時代像を一変させました。

主君「押込」行為とは、「大名家において悪主・暴君を家臣団（家老・重臣層）の手で監禁し」、「猶予期間を置いたのち、回心困難と見做された時は隠居せしめ、実子を含む新主君を擁立していく主君廃立行為」のことだとします。そして、江戸時代、主君「押込」行為が、大名家で普遍的に存在し、「正当な行為と認識されていた点においても〝慣行〟と呼ぶに相応しいものであった」ことが論証されます。その結果、主君は、「押込」の脅威に不断にさらされ、主君の権力が家老重臣層の主君「押込」行為を背景とする集団的権力によって根本的に制約を受けていたことが論証されます。『主君「押込《おしこめ》」の構造』の論じるところは、欧米人が見たのは、「支配形態はきわめて穏和で、被支配者の生活領域が彼らの自由にゆだねられているような社会」であったとする著者の論述の一面を裏付けるもののように思います。

著者は、「ひとつの滅んだ文明の諸相」として、幕末から明治の市井の人びとの行動と心の持ち方を何とも魅力的に描いていますが、現代人にそこへの回帰を求めているわけではありません。最終章「心の垣根」では、杉本鉞子『武士の娘』から、杉本鉞子氏が、夫を亡くして日本へ帰国後、長女花野の上に現れた変化に心を打たれて、アメリカに戻るというエピソードを読み解きます。杉本氏は、花野が、日本で暮らす間に、アメリカで見せた生き生きとした表情、生活の一切に興味をそそられて元気いっぱいだった姿が失われることに胸をつかれます。『逝きし世の面影』には引用されていませんが、杉本氏は、東京でミッション系の女学校に入って外国人の先生方に初めて接し、「先生方は勉強なさっても、お遊びになっても、お笑いになっても、お怒りなっても、私はその表情の豊かさに驚くばかりでした」と『武士の娘』に書いています。

それだけに、花野のこの変化を深刻に受け止めたのではないでしょうか。著者は、花野の変化について、「これはこの少女の魂に育ちかけていた個の世界が、環境の変化によって窒息させられたということだろう」と分析します。当時の日本は、互いの心の垣根の低いことが、魅力的な人びとの表情、心情をもたらした反面、おのれの存在という確かな個を感じることを妨げていたというのです。互いの心の垣根が高いことは、個であることによって、感情と思考と表現を人間の能力に許される限度まで深め拡大し飛躍させ得るとします。オールコックなど外国人観察者が、この国の人たちには精神的発展が欠けていると感じたのもこの点だというのです。

著者は、「モースは言う。『日本人の顔面には強烈な表情というものがない』。強烈な表情を獲得することがしあわせだったか、確乎たる個の自覚を抱くことがそれほどよいことであったか、現代のわれわれはそのように問うこともできる。花野のエピソードは無限のもの思いにわれわれを誘う。しかし、人類史の必然というものはある。古きよき文明はかくしてその命数を終えねばならなかった」と書き、作品を終えます。

著者によれば、作品の中で目にした人びとの楽しげな表情、耳にした屈託のない笑い声は、幕末明治の急速な近代化がなかったとしても、現代までの間には滅びざるを得なかったということになるのでしょう。人びとの幸せで満ち足りた表情や笑い声には、その魅力の中に悲しみの影がさしているように感じられます。当時の日本を「地上で天国《パラダイス》あるいは極楽《ロータスランド》にもっとも近づいている国」と描いた外国人たちもこれを感じ取って愛惜していたのではないでしょうか。

（渡辺京二『逝きし世の面影』平凡社ライブラリー　二〇〇五年）

イアン・マキューアン『甘美なる作戦』

「二年間留学した英語は、帰国後二十年間使えますが、一年間留学しただけの英語は、帰国後勉強しないと一年で消失するといわれています」

米国へ二年留学した先輩裁判官は、英国へ一年間の留学に出発する私にこう助言してくれました。帰国後約三十年間、この言葉を思い出して、英語の本を意識的に手に取るようにしていました。先輩裁判官のいう「英語の消失」をどれだけ妨げたのかは心もとない限りですが、それでも、翻訳が待ちきれずに、新刊を注文する好きな作家を見つけることができました。

そのひとりがイアン・マキューアンです。納得のいく判決文をなかなか思いつかず、書きかけの判決文が頭を離れないようなときでも、通勤電車の中で、イアン・マキューアンの不思議なリズムと輝きの感じられる文章に触れると、仕事が頭からすっと消えて、伏線が張り巡らされたトリッキーな物語の世界に引き込まれます。

『甘美なる作戦』は、そんなイアン・マキューアンの最近の作品です。英国人の大好きな諜報機関を舞台にするスパイ小説の要素があり、イアン・マキューアン自身を思わせる作家も登場して、英国で二〇一二年の刊行と同時に評判になり、早速注文して手に取りました（Ian McEwan *Sweet*

Tooth Jonathan Cape Random House)。二〇一四年九月に翻訳（村松潔訳　新潮社クレスト・ブックス）が刊行され、著者のトリックと伏線を確認しながらゆっくりと再読しました。東京高裁で裁判長の仕事をしていたときのことです。

『甘美なる作戦』は、セリーナ・フルームの語りで進行します。セリーナは、ほぼ四十年前の一九七〇年代を回想します。「イギリス内務省保安局（ＭＩ５）の秘密任務を帯びて送り出されたが、その任務から無事には帰還できなかった。入局してから十八カ月も経たないうちにクビになり、わが身の恥をさらして、恋人を破滅させてしまったのだ」と語り始めます。

セリーナは、英国国教会の主教（高位聖職者）の娘です。自分のことを「カールした金髪を肩胛骨の下まで垂らしたミニスカートの美少女」であり、「いまでは鏡はそうは言わないから、わたしはそう言って平然としていられるのだが、わたしはほんとうにきれいだった」と語ります。小説好きで、地方大学の英文科への進学を希望しますが、名門公立校のグラマースクールで数学の才能を発揮して、母親の強い勧めで、ケンブリッジ大学の数学科へ進学します。

ところが入学早々、数学ではいかに凡人でしかないかを思い知らされます。セリーナは、歴史学の教授トニー・キャニングの別荘でひと夏の週末を共に過ごすようになります。教授は、一九四〇年代後半四年間ＭＩ５に勤務した経験があって、セリーナにＭＩ５への就職を勧めます。ところが、教授は、秘密めいた客の訪問を受けると、セリーナに思いもよらない非難を浴びせて、唐突に関係を打ち切ります。

キャニング教授のこの不可解な行動をめぐる謎が、作品の一つの軸になります。舞台の一九七〇年代は、東西の冷戦が続いていました。セリーナは、一九七二年MI5に採用され、最下級の事務職員として退屈な書類仕事を担当します。やがて、キャニング教授が不治の癌にかかってバルト海の離島で孤独な死を迎えたことを知らされ、教授の行動は、この病が原因であったと考えるようになります。

そのころセリーナは、自分が監視され、アパートに何者かが侵入したことに気づきます。清掃に行ったMI5の隠れ家で、教授が死んだ島の名と教授のイニシャルが書かれた紙片を見つけ、親しい同僚がセリーナの政治傾向について上司から報告を求められたことを知らされます。上司のマックスからは、教授がMI5内のソ連の協力者であったという噂を聞かされます。こうして、セリーナは、教授が唐突に関係を打ち切ったのは、この疑惑のせいではないかと、思い悩むようになります。

作品の終盤近く、セリーナは上司から、教授がソ連の送り込んだ女性と関係して脅迫され協力者になった時期があったが、現在は無害と判断されたこと、セリーナを学業成績が悪いにもかかわらず採用したのは、監視してソ連の協力者かどうかを確かめるためであったが、結局、無害な存在とわかったことを聞かされます。教授がMI5に託した手紙を受け取りますが、そこには、関係を一方的に解消したのは、北海の孤島で次第に衰える自分の姿をセリーナに見せるのをどうしても避けたかったからであると書かれており、「ありがとう、ありがとう、わたしの最愛のひと」と結ばれていました。セリーナは、「わたしはそれなりに彼を慰めることができたのだ」と考え、大きな悲しみにもかかわらず、形見を手に入れたと感じます。

キャニング教授の謎が次第に明らかになっていく過程はスリリングで、ジョン・ル・カレのスマイリーを主人公とする三部作（『ティンカー、テイラー、ソルジャー、スパイ』菊池光訳　ハヤカワ文庫NV）、『スクールボーイ閣下』（村上博基訳　ハヤカワ文庫NV）、『スマイリーと仲間たち』（村上博基訳　ハヤカワ文庫NV））を思わせる本格スパイ小説の味わいがあります。けれども、スマイリーのように頭脳明晰で老練な幹部諜報員の目を通して語られるのではなく、セリーナという、諜報組織の底辺で働く若い女性の目を通して語られるところがこの作品の新鮮なところです。

セリーナは、直属上司のマックスによれば、「ただのありふれた女の子、頭の悪さも平均的で、ただ仕事をもらえて喜んでいる女の子」です。著者は、ジョン・ル・カレの小説では荘重で悲壮感さえ感じられる諜報機関の幹部たちの言動を、そんなセリーナの目を通すことで、権威的、官僚的で、どこかに空虚さを感じさせるように描くことに成功しているように思います。

セリーナのようにありふれた若い女性が諜報組織に採用されたことを絵空事と感じさせないのは、主教の娘という彼女の出自です。セリーナは、MI5の採用について「素姓は旧態依然として重視されており、わたしが主教の家系だということは不利にはならなかった」と控えめに語りますが、ジェレミー・パックスマン『エンパイア』（Jeremy Paxman *Empire* Penguin Books）を読むと、大英帝国時代、世界の英国植民地の行政を担当したエリート官僚たちの驚くほど多くが、聖職者の息子たちであったことがわかります。父が主教というのは、英国では独特の信用があるのでしょう。

この作品では、セリーナにリアリティを与えるものとして、諜報員ミリー・トリミンガムの活躍ぶりが語られます。セリーナの大学の先輩で三年前に三十代なかばでMI5に入ったシングルマザーの諜報員という設定です。後にMI5の長官に登り詰めて回顧録を書いたとされているので、モデルは、ステラ・リミントンのようです。彼女は、女性で初めてMI5の長官になり、回顧録『オープンシークレット』を著わしています（Stella Rimington *Open Secret: The Autobiography of the Former Director-General of MI5* Arrow Books）。

『オープンシークレット』を読むと、ステラ・リミントンは、エディンバラ大学を卒業して、外交官の夫に同行してインド滞在中に、諜報員の下で働いたのが縁で、帰国後MI5に入ったという異色の経歴の持ち主です。『甘美なる作戦』では、一九七〇年代のMI5の男性社会ぶり、セリーナの感じる戸惑やフラストレーションも描かれています。ステラ・リミントンは、そんな時代の諜報の世界でキャリアを切り開き、トップに登り詰めた人物ですから、『オープンシークレット』では控えめに語られているその力量のすごさが実感されます。

セリーナは、MI5の下級事務職員として、IRAの内通者のファイル整理などの書類仕事をしています。上司のマックスに魅かれますが、婚約者がいることを告げられて拒まれます。やがて、セリーナは、スウィート・トゥース作戦の担当者に選ばれ、マックスの指揮の下でエージェントとして活動することになります。この作戦は、ソ連や共産主義に批判的な新進作家に対して、MI5の資金をそれとはわからないように基金を通じて助成金として渡して援助するというものです。

セリーナは、基金に助成金を寄付する組織の職員を装って作家に接近します。セリーナの担当する作家は、トマス（トム）・ヘイリーです。セリーナは、ブライトンにあるヘイリーの職場である大学を訪ねますが、二人は魅かれあい、ヘイリーのアパートについて、「数週間もしないうちに、わたしはそこをわが家と見なすようになっていた」という関係になります。セリーナは、ヘイリーとの関係が深まるにつれて自分の正体を告げないことを悩みますが、ヘイリーと職の両方を失うことを恐れて、結局、告白せずに関係を続けます。

ところが、セリーナを一度は拒んだマックスが婚約を解消してセリーナに求愛し、スパイ小説から恋愛小説の様相が濃くなっていきます。セリーナとヘイリーがそれぞれの家族とクリスマス休暇を過ごし、ほとんど二週間ぶりに再会します。ヘイリーは「きみがどんなに特別な人か、いま、ちょうどわかりかけたところなんだ」と語り、セリーナは「あなたは変わったみたいね」と応じます。けれども、セリーナは、二人の熱烈な関係には変わりのないことを知って安心します。セリーナは愛が自然に発展していくことを感じますが、秘密をもつ悩みは深まります。

セリーナは、ヘイリーから、新しい小説のアイデアを得たと伝えられ、その参考に妹から取材する許可を求められたり、MI5を突然辞めた元同僚と話すヘイリーの姿を目にします。そして、ヘイリーが初めて書いた中編小説で権威ある文学賞を受賞して二人が喜んだのもつかの間、ヘイリーがMI5の資金から援助を受けているという記事が新聞に掲載されます。ヘイリーは、セリーナを疑うそぶりをみせずに、自分がMI5の資金援助を受けたことは知らないという声明を出しますが、セリーナの制止を聞かずに、MI5の職員と会ったこともないとまで言明してしまいます。セリーナは上司からヘイリーとの関係を清算するよう求められます。やがて、「ヘイリーのセクシーなスパイ」という見出しで、セリーナの身分が報道され、二人の仲睦まじい写真まで新聞に掲載されて、ヘイリーは姿を消し、セリーナからの電話にも応えません。

それまで二人の関係は、作品談義を背景に発展してきました。ヘイリーは、イアン・マキューアンの出身校サセックス大学で教職についているという設定で、著者自身を色濃く反映した人物造形がされているようです。セリーナは、ヘイリーに「忘れないで、わたしは中級の読者なのよ」と語るように、多読家ですが、文学には素人です。そして、「低俗な望みではあるけれど、最後にだれかが『結婚してください』という結末になるのが好きだった」、「わたしは、生まれながらの経験主義者だった」、作家は「わたしたちみんなが生きているこの世界を利用して、自分たちが創造したすべてをもっともらしく見せるためにお金をもらっているのではないかと思っていた」と語っており、一般的な読者という人物造形がされているようです。

こんな二人の会話は、著者の小説観をうかがわせ、この作品の読みどころのひとつになっています。たとえば、セリーナは、自分の提供した数学上の問題をヘイリーが短編小説にまとめあげるのを目の当たりにして、次のように語ります。「創作の技法とでもいうべきものがある程度わかったか、わかりかけていると思った。それは料理みたいなものなのだ」「材料を変形する熱の代わりに、純粋な創意、ひらめき、隠された要素がある。その結果、生まれるものは部分の和以上のものになる」

ヘイリーが、作家の真情を吐露する場面もあります。セリーナに、これ以上深刻な問題がないというような雰囲気で告白した秘密は、「次の小説のためのアイディアはなく、これっぽっちのアイディアもなく、この先もアイディアが湧くかどうかわからない」という悩みでした。「生まれながらの経験主義者」を自認するセリーナですから、ヘイリーに「トリックは好きではない。わたしが好きなのは自分の知っている人生がそのままページに再現されているような作品だ」と語るのも自然に感じられます。「トリックなしに人生をページに再現することは不可能だ」というヘイリーの答えも、イアン・マキューアンらしいものだと思います。そして、著者は、作品の最後にとっておきのトリックを用意します。

セリーナは、ヘイリーの身を案じて、上司の禁止を無視してヘイリーのアパートを訪ねます。ヘイリーは不在で、セリーナに宛てた手紙と小説の原稿を見つけます。そして、この手紙がそのまま作品の最終章になり、ことの真相が明らかにされます。

手紙には、クリスマス休暇で帰省したヘイリーにマックスが接触して、セリーナの身分とスウィート・トゥース作戦を打ち明けたこと、ヘイリーは、セリーナの背信に腹を立て、別離の手紙を出そうとしますが、新たな小説の題材になると考えて、セリーナの身分に気づいたことを知らせずに関係を続けて、これを題材に『スウィート・トゥース』という題名の長編小説の執筆を決め、セリーナの周辺の人たちから取材して執筆を進めたこと、マックスが、セリーナとヘイリーの交際が続いていることに憤慨して、新聞社へリークしたらしいこと、声明文でMI5職員との接触を否定したのは、非難を招くことは承知で話を面白くするには、こうせずにいられなかったこと、けれどもセリーナの気持ちに入り込んで小説を書くうちに、セリーナを一層愛していることに気づいたこと、アパートはセリーナ名義に変更して契約してあり、騒ぎが収まれば、アパートへ戻るつもりでいること、セリーナがまだ愛していてくれるなら、『スウィート・トゥース』をセリーナの協力を得て仕上げる希望があること、発表は、公職秘密法の問題があるので、二十一世紀のなかばまで待たなければならないだろうと書かれています。

そして、セリーナから情報を得て、作品に、過去を振り返るかたちでこれを挿入する時間はたっぷりあると思うが、あるいは、「いまでは鏡はそうは言わないから、わたしはそう言って平然としていられるのだが、わたしはほんとうにきれいだった」と書くのはどうだろうかという提案もしています。

作品は、手紙の結びの言葉で終わります。「きみの返事が致命的なノーだった場合には、そうだな、コピーは取っていないので、これが唯一の原稿だから、火のなかに投げこんでくれればいい。きみがもしまだわたしを愛していて、答えがイエスなら、そこからわたしたちの共同作業がはじまるだろうし、きみが同意してくれればだが、この手紙がスウィート・トゥースの最終章になるだろう。最愛のセリーナ、どうするかはきみしだいだ」

手紙には、著者の創作への考えのうかがえる印象的なエピソードが書かれています。ヘイリーは、『スウィート・トゥース』を最初は自分を語り手として書き進めますが、原稿を読み返して、その出来ばえに絶望し、語り手をセリーナに変更します。自分を語り手にした原稿は、「なんの抵抗も、むずかしさも、弾みもなく、驚きもなければ、豊かなところも奇妙なところもなかった。ブンブンうなってもいなければ、まわりだしそうな気配もない」と書いています。そうすると、著者は、「弾み」「驚き」「豊かなところ」「奇妙なところ」があって、「ブンブンうなって」「まわりだしそうな」物語を書こうとしていることになると思いますが、このあたりに、不思議なリズムと輝きが感じられる著者の文章の秘密を解くヒントが隠されているのかもしれません。

手紙で語られる創作への覚悟にも圧倒されます。ヘイリーは、小説の題材になると考えると、セリーナへの怒りを飲み込んで関係を続け、話を面白くするためには、非難を承知で、MI5職員との接触を否定してみせますが、この創作への執念は、鬼気迫るものが感じられます。

こうして、ヘイリーは、セリーナをスパイすることを決意しますが、小説家がお膳立てをして、「小説家的な直感で進められ」たことが、成功の原因となったミンスミート作戦を紹介します。この作戦のように、「小説家的な直感で進め」ることで、プロのスパイであるセリーナをスパイすることができると考えたというのです。

ベン・マッキンタイアー『ナチを欺いた死体　英国の奇策・ミンスミート作戦の真実』（小林朋則訳　中央公論新社）を読むと、ミンスミート作戦とは、英国情報部が、第二次大戦の連合軍のシチリア上陸作戦の上陸先を偽装した作戦です。調達した死体を高級将校に仕立て上げ、上陸先の偽情報が書かれ本物の司令官が署名した文書を持たせて、航空事故の犠牲者を装ってスペインに漂着させます。これを回収したドイツ軍は、上陸先を誤認したとされます。海軍情報部部長の私設補佐官のイアン・フレミング少佐（ジェームズ・ボンドの生みの親）が小説から得たアイデアが核となって作戦が立案され、余暇に推理小説を書くオックスフォード大学の学監ジョン・マスターマンが委員長を務めるMI5の委員会に計画案が提出されて実行が決まったとされますので、ヘイリーが手紙で書いた「小説家的な直感で進められ」た作戦というのは誤りではなさそうです。

けれども、ヘイリーのスパイ作戦は思わぬ結果をもたらします。「自分自身をきみの皮膚の内側にそそぎ込んだとき、わたしはそれがどんな結果に結びつくかを考えるべきだった」というわけです。ヘイリーは、セリーナをページの上に再創造するために、彼女の内面に入り込み、心情を体感して理解する作業を続けますが、その結果、「わたしは以前よりもっときみを愛している」ことに気付くことになります。ヘイリーの一筋縄ではいかないこの心の動きは奇妙な説得力をもって描かれています。

著者はセリーナがヘイリーの提案を受け入れたのかどうかの判断を読者に委ねます。手紙のいう「たがいに一生分よりも多くの嘘をついて」進んだ関係で、煽情的な報道までされ、復縁が不愉快な報道を招きそうなことからすると、ヘイリーを一度は愛したとしても、復縁に応じるのだろうかと疑問がわきます。セリーナが、創作のための鬼気迫る執念が自分に向けられ、もっともプライベートなことを事細かに小説の形で公表されることに耐えられるのかという疑問もわきます。

けれども、手紙には、「きみが同意してくれればだが、この手紙がスウィート・トゥースの最終章になるだろう」と書かれており、この作品では手紙が最終章となっています。手紙の中で、「いまでは鏡はそう言わないから、わたしはそう言って平然としていられるのだが、わたしはほんとうにきれいだった。(Now that the mirror tells a different story, I can say it and get it out of the way. I really was *pretty*.)」と書くのはどうだろうかと提案されていますが、作品を丁寧に読み返すと、この表現が第一章の最後近くですでにそのまま使われていることにも気づかされます。

そうすると、手紙には、「きみの返事が致命的なノーだった場合には、そうだな、コピーは取っていないので、これが唯一の原稿だから、火のなかに投げこんでくれればいい」とありますが、原稿は焼かれずに、セリーナがヘイリーの提案を受けいれ、ヘイリーがセリーナの意見を聞いて原稿に修正を加えて、この作品になったという読み方も成り立ちそうな感じがします。セリーナが好きだと語った「最後にだれかが『結婚してください』という結末になる」小説になっているというわけです。

このような読み方ができるとすれば、この作品は、「たがいにすでに一生分よりも多くの嘘をついて」関係を発展させた男女が、一層深い愛情と理解をもって結ばれるという結末を用意していることになり、「トリック」を使って、「人生」のはかり難い一面を「ページに再現」してみせた物語ということになりそうです。

（イアン・マキューアン『甘美なる作戦』村松潔訳　新潮社　二〇一四年）

我妻榮『民法講義』

「日本に戻って来るのは一月何日ということだった？」

長い正月休みと年休を使って計画した外国旅行の出発前日、挨拶に行くと、東京地裁の所長代行は、日程を改めて確認してメモを取りました。すでに旅行日程を何度も説明していたので、少し変な感じがしました。裁判官室に戻ってしばらくすると、果たして、所長代行から電話があり、もう一度、所長代行室へ呼ばれました。

「年明けに破産再生部の裁判長へ異動してもらうことになりました。破産法の大改正が山場なので、法務省の法制審議会の委員も併せてやってもらうことになります」

私が東京地裁で裁判長をしている部署は、金銭トラブル、土地建物の紛争、離婚など一般の民事裁判を担当し、裁判官三名とスタッフ六名のこぢんまりしたところです。破産再生部は、裁判官が十名以上、スタッフが五十名以上の大所帯で、経営が困難になった会社の事業再生、破産、債務超過になった個人の破産や再生などを担当する部署です。

その外国旅行は、翌年四月に長男が大学を卒業して就職するので、これを機会に英国を約二十年ぶりに家族と訪ね、留学時代にお世話になった英国人たちと再会して旧交を温めることを主な目的としていました。英国では、毎日英国人の知り合いと会うことになるため、その前に南フランスのアビニョンで家族水入らずの時間を過ごす計画でした。破産再生部の裁判長となると、まったく新しい仕事であり、破産法の改正作業にも加わることになるので、旅行を中止して、破産法の復習や民事再生法の勉強など、新しい仕事の準備に専念しようかという考えも頭をよぎりました。

けれども、家内と長男、二男は、学校が休みになった時にすでに出発してイタリアを旅行中です。私は、仕事が終わってから出発して、イタリアから列車で異動する家族とマルセイユの鉄道駅で待ち合わせる約束でした。英国では、十組の英国人と会う時間と場所まで約束していました。そこで、覚悟を決めてマルセイユへ出発しました。帰国後、とても忙しい思いをしましたが、結果的には、破産再生部での仕事も順調に始めることができ、英国の友人たちと再会して旧交も温められて、私にも、家族にも忘れられない旅になりました。

裁判官は、法律の専門家ですが、すべての法律について勉強を必要としないほど精通しているというわけではありません。破産再生部への異動のように専門事件を扱う部署へ異動するなどして、特定の分野の法律を専門に扱うことになると、改めてその分野の法律を詳しく勉強することになります。裁判官は、みな自分なりの勉強の方法を工夫しています。

私の場合、その法律研究の第一人者といわれる法学者が法律全体を体系的に解説した法律書を選んで同じ本を二冊購入します。その一冊を職場、他の一冊を官舎に置いて、日々の仕事で法律問題に出会うたびにその法律書を参照し、その問題が法律全体の中でどこに位置するか、どの程度の重要さをもって論じられているのかを確認して、論じられていない問題であれば、著者なら、どのように解決するかを考えます。そして、確認した事項や思いついたことを法律書にメモで書き込んだり、印をつけます。

このような作業を地道に何か月か続けると、普通の法律問題については、その問題の大小の判断ができるようになり、バランスを考えながら自分なりの結論を決められるようになってきます。

このように裁判官が法律書を頻繁に参照するのは、新しい法律分野を担当する場合が多いのですが、日々の裁判の中で新しい法律問題に出会ったときも、法律専門書を調べることになります。新しい法律問題とは、今まで、最高裁が判決で判断を示したことがなく、研究者がまったく論じていないか、研究者の間で鋭く意見が対立しており、事件を解決するために適用する法律の解釈が何通りも考えられて、どの解釈を採用するかで、裁判の結論が変わるような問題です。そして、多くの民事裁判で、適用される法律である民法について、このような問題に出会うと、まず最初に参照することの多いのが、我妻榮『民法講義』(岩波書店)です。

『民法講義』の著者我妻榮博士は、一九六四(昭和三十九)年に文化勲章を授与された民法の研究者で、一九七三年に亡くなっています。『民法講義』は、個人や法人の権利と義務を定める千条を超える民法の中で、家族や不法行為に関する部分を除く七百条あまりの部分を解説した専門書です。一九三〇年から順次八巻が刊行され、その後の法改正、判例の集積、研究の進展を盛り込みながら、一部は教え子である研究者の手も入って改訂が重ねられたロングセラーで、私の世代の法律実務家であれば、誰もが手に取ったことのある本だと思います。

我妻榮『民法講義』が新しい本ではないのに、なぜ現在の法律問題を考えるのに最初に参照するのかと不思議に思うかもしれません。それには、裁判官が新しい法律問題を解決するためにどのように考えを進めるのかを説明する必要があると思います。

私の場合、新しい法律問題に出会うと、まず検討するのは、法律の条文に何と書いてあるかということです。裁判官が国民代表から選ばれた国会が作った法律の条文に書いてある明文に反する解釈をとって、裁判をするのでは、法律によってルールが決められている社会とはいえなくなってしまうおそれがあります。また、裁判の結論が裁判官の考え方次第で決まることになって、紛争の解決を求めて裁判所を利用する人たちの側から裁判の結果を予測することが難しくなって、社会生活や経済取引の安定が脅かされるおそれもあります。そこで、関連のある条文をできるだけたくさん検討して、採用しようとする解釈が他の条文との間でも矛盾が生じないかを慎重に検討することになります。

次に考えるのは、これまで、最高裁の判決で示された判断との関係です。その法律の解釈について、最高裁が判決によってすでに判断を示している場合、裁判になれば、裁判所が同じような判断をすることを前提にして、経済取引や社会生活が行われています。また、最高裁の判断は、第一審の裁判官の判断、控訴審の裁判官の判断を検討した上でされているので、その事件を解決するための裁判官の知恵の集大成という意味でも重みがあります。

最高裁の判決で示された法律の解釈は、最高裁が十五名の全裁判官が参加する大法廷の判決でなければ変更できないと法律で決められています。最高裁が大法廷を開いて事件を審理するのは、選挙の議員定数の配分が法の下の平等に反するかどうかが争われる裁判のように、憲法上の争点のある裁判を除くと、それほど頻繁にはありません。ほとんどの事件は、裁判官五名で審理する小法廷で審理されています。

そうすると、憲法以外の法律の解釈について、最高裁が判決で示した判断が変更される可能性は小さく、最高裁判所の示した法律の解釈は、法律そのものと同じように、社会生活や取引を実際上規律していることになるのです。

そこで、関連のある最高裁の判決をできるだけたくさん集めて採用しようとする解釈と、これらの最高裁の判決で示された判断との関係も慎重に検討します。そして、これらのことを考えてもなお、その事件を解決するために最高裁が過去に示した解釈と異なる解釈を採用しなければならないかを十分に考えることになります。

法律の条文にも、最高裁の判例にも手掛かりがない場合は、裁判官がその問題をオリジナルに考えることになります。その際には、研究者の最新の研究成果や議論の状況を調べる必要のあることはもちろんです。けれども、研究者の見解をこの事件の解決のためにそのまま使うことが良いのかどうかを慎重に考えることになります。そして、この事件を解決するのにふさわしく、別の事件の解決を妨げることのない法律の解釈を探すためには、民法にその条文を設けた理由を含めて、できるだけ、基本的なところから、広く、深く考える必要がでてきます。

特に大きな法律問題であれば、民法の立法に関与した梅謙次郎博士の著作や、復刻出版されている民法立法作業の記録まで調べて、考えるヒントを探すこともあります。けれども、普通の法律問題であれば、我妻榮『民法講義』を出発点に考え始めることが多いように思います。

この本は、わが国の民法の妥当な解釈を見出すために、ドイツ、スイス、オーストリア、フランスなどの諸外国の民法を広く深く検討しています。各国の民法を日本の民法と比較し、各国で論じられている民法上の問題についても、わが国の民法を適用する場合の合理的な解釈を試みています。そして、このような深い学識を踏まえて戦前の大審院の判例をはじめ、最高裁判例も数多く検討して、各判例を我妻博士が考え抜いた民法の体系的な理解の中に位置付けています。

我妻博士は、このように判例を十分に研究して、判例の結論を尊重しながらも、反対されている部分もいくつかあります。そして、このような判例や諸外国の民法で論じられている問題など豊富な設例をあげて検討していますが、裁判官の眼で見ても実に落ち着きの良い結論が出されています。『民法講義』が検討の対象とする部分は、七百条を超える膨大な範囲です。研究の専門化、細分化が進む現代では、民法の各部分ごとには裁判官が思考の出発点としたくなるような優れた著作がありま す。けれども、『民法講義』がカバーするほど広い範囲を、一人の研究者がこれほどの水準で著わした著作は、他に余り例を見ないように思います。

そして、民法の条文を適用して、事件を解決するためには、民法の複数の条文を適用しなければならなくなることが少なくありません。その場合、それぞれの条文が矛盾なく解釈される必要がありますが、これだけ広い範囲を一人の研究者が一貫した理論で解釈しているということでも貴重な著作だということになると思います。このように、『民法講義』は、最新の学説や裁判例を調査して考慮に入れる必要があるとはいえ、裁判官が思考の出発点として、心の中で著者と対話を試みるには格好の書ということになると思います。『民法講義』は、読者に与える情報の質のみならず、その量の多いことにも驚かされます。一人の研究者が書いているにもかかわらず、多数の著者が分担して民法の各条文を解説して全体で何十冊にもなる注釈書と比べても、『民法講義』の方が、裁判のヒントとなる情報の量が多いと感じることがあります。

研究者は、法律雑誌等に掲載された判決を研究しますが、実際に言い渡される判決の中で、法律雑誌等に掲載されるのはごく一部です。その結果、契約を例にすれば、売買、賃貸借、請負のように判決が多数法律雑誌で紹介されている契約と、判決がほとんど雑誌に掲載されない契約が生じることになります。

判決が雑誌に掲載されることが少ない契約分野について、研究者が、民法の条文が実際の紛争の中でどのように作用するのかを想像することが容易でない場合があるのかもしれません。そんな場合には、研究者の書く注釈書には、裁判に役に立つ情報が乏しいと感じることになるのだと思います。『民法講義』は、雑誌に掲載される判決が乏しい契約分野についても、諸外国の民法の規定を紹介して、各国で論じられている民法上の問題について、わが国の民法を適用する場合の合理的な解釈を試みていますが、日本の取引でも、外国と同じような問題が生じることがあって、『民法講義』の記述から裁判のヒントが見つかることもあるのです。

このように契約についての法律問題で、裁判のヒントを見つけるのに苦労することがありますが、それでも、契約の法律問題は、契約書がある場合には契約書の各条項を読み込んだり、最終的には、契約当事者の合理的な意思の内容を考えることで解決のヒントが見つかることがあります。

これに比べると、契約以外の分野で、民法の条文が少なく、いろいろな紛争のパターンのあるような分野の法律問題では、契約書などを手がかりにできないだけに裁判のヒントを見つけるのに一層苦労する場合があります。例えば、頼まれずに、義務なく他人のために仕事をした場合の費用などの清算の問題（法律家が「事務管理」という分野です）、契約を履行したがその契約が無効であった場合のように、法律上は原因がないのに利益が移転した場合の清算の問題（法律家が「不当利得」という分野です）などは、民法の定める条文の数が少なく、条文から裁判のヒントを見つけにくくなっています。

そのうえ、この分野については、取引の世界や社会生活では、いろいろなパターンの紛争が生じるため、裁判官は、その解決のヒントを探して一層苦労することになります。このような場合、『民法講義』が、この分野について諸外国の民法の規定を紹介して、各国で論じられている民法上の問題について、わが国の民法を適用する場合の合理的な解釈を試みている部分が、契約の分野以上に、裁判に貴重なヒントを与えてくれることがあります。

このように、『民法講義』が、新しいとはいえない本であるのに、裁判のヒントになることには少し不思議な感じがしないでもありません。

我妻博士は、『民法講義』の一冊である『新訂債權總論』の序文で、次のように書いています。「債権法の総論」は、契約などから発生する債権の一般理論を論じていますが、債権の一般理論を論じる「理論や概念は、ローマ法以来最も形式論理的に醇化され整序されて一大殿堂を形成する」

というのです。

そうすると、『民法講義』の扱う財産法の分野は、市民の間の紛争を合理的に解決するために、ローマ法以来の人類の長年の知恵を集大成した法律という一面があるのではないでしょうか。そして、借地借家権などの賃借権を保護する法制度のように各国の事情が色濃く反映される分野は別にして、契約などの取引分野のように、同じ経済体制をとる限り、国が違っていても、同じような紛争が発生し、この紛争をどのように解決するのが合理的であるかということについて、国による差の少ない分野もあるように思います。

このような分野では、『民法講義』のように外国の民法を広く深く研究して、この深い学識を踏まえて、わが国の民法の合理的な解釈を試みるという方法が、力を発揮することになるのではないかと思います。

そうすると、新しい法律問題を考えるときに、『民法講義』を思考の出発点とするというのは、我妻博士の学識を通じて、合理的紛争解決のために長い歴史の中で集大成された人類の知恵に手助けを求めることになるのかもしれません。

民法は、百二十年ぶりに契約のルールを定める部分が大改正されることになっています。この大改正後は『民法講義』の出番は減ると思います。それでも、裁判官が考え込むような難しい法律問題に出会ったときは、これからも、『民法講義』を手にとって歴史の中で集大成された人類の知恵に手助けを求めることがあるような気がします。

（我妻榮『民法講義』岩波書店　一九五四年〜一九八三年）

あとがき

裁判官の仕事はなかなかハードですが、本を読む楽しみをあきらめることができませんでした。三十九年あまりの裁判官生活を定年で終えるにあたり、仕事の合間や転勤先の暮らしの中で出会った忘れ難い本の話をまとめてみました。

遅くまで判決などを書いていて、なかなか書店が開いている時間には帰れない職場がありました。また、新刊書の品ぞろえの充実した書店が近所にない都市で勤務したこともありましたが、心惹かれる本との出会いを求めてきました。

東京が職場となる時期は、往復で二時間の通勤電車の車中が読書時間の中心になっていましたが、この本の準備にとりかかってからは、この読書時間をすべて本の再読に充てることになりました。旧友のような本との再会は心ときめく体験でしたが、本と最初に出会ったときの裁判官生活の一コマ一コマが出会った人たちの姿とともに目に浮かぶのは思いがけない楽しみになりました。ただ、この間、読みたいと思う新刊書を手にする時間がなく、残念な思いを重ねていました。こうして執筆を終え、また、新たな本と出会う楽しみが再開されることに心がはずみます。

私の裁判官生活は終わりましたが、素晴らしい本との出会いは続いていくと思います。

最後に、この本の執筆を勧めていただき、執筆中も励ましていただいた白水社の和気元さんへお礼を申し上げたいと思います。和気さんがいなければ、法律書ではないこのような本を私が書くことになるとは思いもよりませんでした。

平成二十七年秋

大竹たかし

著者略歴

一九五〇（昭和二十五）年東京生まれ。

一九七三年早稲田大学法学部卒、同年司法試験合格。

一九七六年東京地裁判事補となり、東京地裁、東京高裁、那覇地家裁、名古屋地裁、大阪地裁の裁判官のほか、司法研修所所付、最高裁調査官、甲府地家裁所長、東京法務局訟務部長、法務省大臣官房訟務総括審議官として勤務。東京地裁と東京高裁で併せて約十年間裁判長を務めた。

二〇一五（平成二十七）年七月定年退官。

共編著『会社更生法　民事再生法（新・裁判実務大系21巻）』（青林書院）

裁判官の書架

二〇一五年九月一日　印刷
二〇一五年九月二〇日　発行

著　者 ©　大《おお》竹《たけ》たかし
発行者　及　川　直　志
印刷所　株式会社　理　想　社
発行所　株式会社　白　水　社

東京都千代田区神田小川町三の二四
電話　営業部〇三(三二九一)七八一一
　　　編集部〇三(三二九一)七八二一
振替　〇〇一九〇―五―三三二二八
郵便番号一〇一―〇〇五二
http://www.hakusuisha.co.jp
乱丁・落丁本は、送料小社負担にてお取り替えいたします。

株式会社松岳社

ISBN 978-4-560-08465-6

Printed in Japan

白水社の本

神経内科医の文学診断

岩田誠 著

脳と神経の第一人者が、谷崎潤一郎『鍵』、プルースト『失われた時を求めて』、タブッキ『レクイエム』など三〇作品を診る。全く新しい視点から小説を読み解く知的エッセイ。

「登場人物がページから立ち上がって、生身の人間になるスリル！」——谷川俊太郎

いしいしんじの本

いしいしんじ 著

自分にとって大切なものとなる本は、向こうからやってくる——小説、詩、随筆からマンガ、絵本、写真集まで、「私を私の外へひらく」身体経験として読書をめぐるエッセイ集。

池内式文学館

池内紀 著

漱石、鷗外、荷風はもとより、現代作家から詩人、画家、棋士にいたるまで、幅広い好奇心と作家への敬意を胸に、深い読み込みと華麗な文体で築き上げた、池内式「偏愛的作家論」。